# Vorbemerkung

Mit der Herausgabe dieser Themenhefte kommen Autor und Verlag einem konkreten Bedürfnis und einem vielfach geäußerten Wunsch der Praxis entgegen. Sie basiert auf mehreren gewichtigen Motiven, unter denen jedoch dem Aspekt einer flexibleren Anpassung an das variabel zu haltende Angebot im Grundkursbereich eine besondere Bedeutung eignet.

Das in den einzelnen Themenheften präsentierte und didaktisch aufbereitete Material stellt das Resultat wiederholter praktischer Erprobung und eines intensiven Optimierungsprozesses dar. Es dürfte – wie die bisherige unterrichtliche Umsetzung mit hinreichender Deutlichkeit ergeben hat – generell das Quantum übersteigen, das in einem semesterbezogenen Grundkurs bearbeitet werden kann. Dies ist jedoch ein zweifellos begrüßenswerter Tatbestand, denn er versetzt den Lehrer und die Lerngruppe in die Lage, nach eigenem Ermessen zu akzentuieren und auszuwählen.

Die Themenhefte korrespondieren – von geringfügigen Modifikationen abgesehen – in Anlage, Strukturierung und Materialien den Großkapiteln der Bandausgabe. Sie heben sich von ihr lediglich durch die Erweiterung des kommentierenden Registers ab, was die parallele Benutzung beider Ausgaben ohne Schwierigkeiten erlaubt.

Die mit der Heftausgabe verbundene thematische Begrenzung schränkt zwangsläufig in der Praxis die Möglichkeit der Grenzüberschreitung ein, die zu den didaktisch signifikanten Zügen des Unterrichts im Leistungsfach gehören dürfte. Daraus ergibt sich die Zweckmäßigkeit der parallel verfügbaren Bandausgabe.

Die Tatsache, daß die Themenhefte vornehmlich für den Einsatz in den mit zwei bzw. drei Wochenstunden ausgestatteten Grundkursen bestimmt sind, legt es nahe, die Materialien zu kennzeichnen, die eine Erarbeitung der jeweils fundamentalen Daten, Verknüpfungen und Entwicklungen ermöglichen. Es versteht sich von selbst, daß es sich bei der hier vorgeschlagenen Differenzierung um ein praktikables, jedoch keineswegs um ein alternativlos-zwingendes Konzept handelt. Die mit einem * herausgehobenen Materialien markieren in ihrer Summe einen angesichts reduzierter Möglichkeiten ertragreich-gangbaren Weg, der – auf konkreter Erprobung beruhend – gewiß als unmittelbare Hilfe bewertet und akzeptiert werden wird.

# Inhaltsverzeichnis

## Die nationalsozialistische Außenpolitik und der Zweite Weltkrieg

### I. Die nationalsozialistische Außenpolitik 1933–1939



### II. Deutschland und der Zweite Weltkrieg



#### Hitlers Kriegsziele in West- und Osteuropa

# Die nationalsozialistische Außenpolitik und der Zweite Weltkrieg

## I. Die nationalsozialistische Außenpolitik 1933–1939

### Übersicht

| | |
|---|---|
| 1933 | Oktober: Austritt Deutschlands aus dem Völkerbund, womit Hitler seine Ablehnung einer Politik kollektiver Sicherheit bekundet. Für die Möglichkeit uneingeschränkter Aufrüstung nimmt Hitler die Gefahr der Isolierung in Kauf. |
| 1934 | Januar: Hitler liefert mit dem Abschluß des deutsch-polnischen Nichtangriffspakts die Probe aufs Exempel der Politik zweiseitiger Verträge. Die Verständigung mit Polen wird als Überraschung empfunden, da Polen bisher von deutscher Seite als Hauptnutznießer der territorialen Verluste durch den Versailler Vertrag betrachtet wurde. |
| 1935 | Juni: Abschluß des deutsch-englischen Flottenabkommens, mit dem England ein wechselseitiges Flottenwettrüsten wie vor dem Ersten Weltkrieg verhindern und Hitler sich die gewünschte Rückendeckung für seine geplante Ostaktivität sichern will. Festlegung der deutsch-englischen Flottenstärken auf das Verhältnis von 35 : 100. |

**1935** Oktober 1935 bis Mai 1936: Eroberung Abessiniens durch italienische Truppen. Die Westmächte antworten mit wirtschaftlichen Sanktionen und diplomatischen Protesten. Deutschland wahrt nicht nur wohlwollende Neutralität, sondern gewährt wirtschaftlich-militärische Unterstützung. Beginn der deutsch-italienischen Zusammenarbeit in der Außenpolitik.

**1936** März: Einmarsch deutscher Truppen in die entmilitarisierte Zone des Rheinlands. Darin liegt ein eigenmächtiger Bruch der Vereinbarungen von Locarno. Den Vertragsbruch, auf den die Westmächte mit diplomatischen Protesten reagieren, schirmt Hitler durch das Angebot von Nichtangriffspakten (Frankreich, Belgien) ab.

Juli: Abkommen zwischen dem Deutschen Reich und Österreich, in dem gegenseitige Nichteinmischung in die inneren Angelegenheiten und die Heranziehung österreichischer Nationalsozialisten zur politischen Verantwortung in Österreich vereinbart werden.

**1936–1938** Beteiligung deutscher Truppen (Legion Condor) am Spanischen Bürgerkrieg, einer Armeerevolte unter General Franco gegen die republikanische Links-Regierung.

November: Mussolini spricht bei einem Deutschlandbesuch vom Bestehen einer „Achse" Berlin-Rom. Eröffnung einer Periode fortschreitender Annäherung der beiden faschistisch-regierten Länder.

**1937** November: Hitler entwickelt vor den Spitzen von Wehrmacht und Marine sein außenpolitisches, auf kriegerische Eroberung abgestelltes Langzeit-Programm (sog. Hoßbach-Niederschrift).

**1938** Februar: Umorganisation in der Wehrmachtsspitze, bei der der Reichskriegsminister Blomberg und der Oberbefehlshaber des Heeres Fritsch ihre Ämter verlieren und Hitler Oberbefehlshaber der Wehrmacht wird; Ribbentrop als Nachfolger Neuraths Außenminister. Damit hat Hitler die personellen Voraussetzungen für eine expansive Außenpolitik geschaffen.

März: Einmarsch deutscher Truppen in Österreich und Proklamation des Großdeutschen Reiches. Hitler begründet die Intervention, die nach propagandistischer Vorbereitung des „Anschlusses Österreichs" erfolgt, mit einem abgesprochenen Hilferuf seiner angeblich bedrohten Anhänger. Die Westmächte bleiben passiv.

April: Beginn der nationalsozialistischen Unterminierung der Tschechoslowakei. Hitler bestellt den Führer der sudetendeutschen Partei Konrad Henlein nach Berlin und ermuntert ihn zu Forderungen der sudetendeutschen Minderheit, die für die Prager Regierung unerfüllbar sind (Karlsbader Programm).

September: Der britische Premierminister Chamberlain, Verfechter einer Befriedungspolitik (Appeasement-Politik) gegenüber dem Hitler-Deutschland, schaltet sich ein und bietet sich in persönlichen Unterredungen dem deutschen Diktator als Vermittler in der sog. Sudetenkrise an. Als Hitler jedoch – den Friedenswillen Chamberlains ausnutzend – seine ultimativen Forderungen an die Prager Regierung so in die Höhe schraubt, daß ihre Erfüllung die Auflösung des tschechischen Staates bedeuten würde, scheint der Krieg unvermeidbar.

29.–30. September: Münchener Konferenz der Großmächte Deutschland, Frankreich, England und Italien zur Bereinigung der Sudetenkrise, anberaumt auf englische Initiative durch Vorschlag Mussolinis. Hitler, über die mangelnde Kriegsbereitschaft des

1938 deutschen Volkes tief enttäuscht, dringt mit seinen Ansprüchen im wesentlichen durch: Die sudetendeutschen Gebiete sollen in der Zeit vom 1.–10. 10. 1938 etappenweise von den Tschechen geräumt und von den Deutschen besetzt werden.

1939 März: Einmarsch deutscher Truppen in die Rest-Tschechei, nachdem Hitler zuvor den tschechischen Ministerpräsidenten Hacha unter massiver persönlicher Einschüchterung dazu gezwungen hatte, „das Schicksal des tschechischen Volkes und Landes vertrauensvoll in die Hände des Führers des Deutschen Reiches zu legen". Errichtung des „Protektorats Böhmen und Mähren". Entrüstete Reaktion der Weltöffentlichkeit über die flagrante Verletzung der Münchener Vereinbarungen durch Hitler, der die von ihm selbst proklamierten Grundsätze (territoriale Saturiertheit Deutschlands, Selbstbestimmungsrecht, völkisches Prinzip) verleugnet und seine Glaubwürdigkeit endgültig in Frage stellt.

Mai 1939: Abschluß des sog. Stahlpaktes zwischen Italien und Deutschland, einer bedingungslosen Beistandszusicherung für den Fall einer kriegerischen Verwicklung: Blankovollmacht für Offensivpolitik.

23. August: Abschluß eines deutsch-russischen Nichtangriffspakts, der als außenpolitische Sensation ersten Ranges empfunden wird und Hitler die erstrebte Rückendeckung für seinen bereits geplanten Angriff auf Polen verschaffen soll. Vereinbarung wechselseitiger Neutralität und Abgrenzung von Interessensphären für „den Fall einer territorialpolitischen Umgestaltung". Hitler wird in seinem Entschluß einer militärischen Aggression auf Polen durch diesen Vertrag bestärkt. Die Sowjetunion, der die Vereinbarung ein Ausgreifen auf Ostmitteleuropa ermöglicht, übernimmt damit eine Mitverantwortung für die Entfesselung des Zweiten Weltkriegs durch Hitler (1. 9. 1939).

## Einführung in die Arbeitsthemen

Es gehört zu den Erstaunlichkeiten in der Geschichte des Nationalsozialismus, daß Hitler gleich nach seiner Machtübernahme begann, die außenpolitischen Zielsetzungen anzustreben, die er Mitte der zwanziger Jahre als Parteiführer und Agitator konzipiert und verkündet hatte. Wesentliche Quelle seiner außenpolitischen Vorstellungen ist – neben seinen zahlreichen Reden aus der Phase des Aufstiegs und neben dem während der Landsberger Haft verfaßten programmatischen Bekenntnisbuch „Mein Kampf" – das vermutlich in das Jahr 1928 gehörende sog. „Zweite Buch", das zu publizieren Hitler nicht mehr für opportun hielt.
In beiden Büchern wird ein imperialistisch-expansives Konzept entwickelt, das „Recht des Stärkeren" als politische Maxime verkündet, der „Anspruch der arischen Herrenrasse" propagiert und der „Lebensraum im Osten" als zukünftiges Objekt der Außenpolitik ins Auge gefaßt. Die „Revision von Versailles" und die Abschüttelung der Deutschland auferlegten machtpolitischen Beschränkungen begreift Hitler von vornherein nur als Etappe, Zwischenspiel und Voraussetzung.
Die essentielle Kontinuität der strategischen Endziele Hitlers – abgeleitet aus einer „völlig durchkonstruierten politischen Philosophie" (H. R. Trevor-Roper) – ist nicht nur anhand seiner späteren praktischen Unternehmungen, sondern auch anhand einer ununterbrochenen Kette von Äußerungen erweisbar. Darüber können auch anderslautende, Frieden und Verständigungsbereitschaft vorspiegelnde Parolen nicht hinwegtäuschen, die der ersten Phase der Hitlerschen Außenpolitik bis etwa Ende 1936 einen so zwiegesichtigen Charakter verleihen. Im Grunde ist Hitler immer er selbst geblieben. Seine Auftritte als friedfertiger Revisionist, als den Krieg verabscheuender und jedem Arrangement zugänglicher Staatsmann waren vor allem aufs Ausland berechnete Täuschungsmanöver, zu deren Bekräftigung er selbst vor ideologisch unvereinbaren Schritten nicht zurückschreckte.

Das Jahr 1936, der gelungene Einmarsch in die entmilitarisierte Rheinlandzone, markiert einen Wendepunkt in der außenpolitischen Taktik Hitlers. Nicht nur bestärkte der wider alle Bedenken der Generäle und Diplomaten errungene Erfolg Hitler darin, allein seiner von einer unterwürfigen Propaganda maßlos verherrlichten Intuition zu vertrauen, sondern er verleitete ihn auch dazu, die Methode des „fait accompli" für der außenpolitischen Weisheit letzten Schluß zu halten.
Wenngleich er mit dieser brutal-erpresserischen Taktik im Falle der Annexion Österreichs und der Einverleibung der sudetendeutschen Gebiete – dank der auf Beschwichtigung (appeasement) des deutschen Diktators eingestellten friedensorientierten Außenpolitik der Westmächte – „unblutige" Erfolge davontrug, war absehbar, wann Hitler – wie es der britische Berlin-Botschafter Henderson formulierte – „den Rubikon überschreiten" würde. Diesen Schritt tat Hitler mit der „Zerschlagung der Rest-Tschechei", einer Aktion, die nicht nur einen schwerwiegenden Bruch des Münchener Abkommens darstellte, sondern auch den wahren Charakter seiner imperialistischen Eroberungspolitik enthüllte. Sie zwang zugleich die Westmächte in die Haltung kriegerischer Entschlossenheit, an der auch der Hitlers eigene politische Vergangenheit verleugnende Nichtangriffspakt mit der Sowjetunion nichts zu ändern vermochte. Der Knoten zum Zweiten Weltkrieg war geschürzt.

## Arbeitsthemen

1. *Welche Ziele setzt Hitler der Außenpolitik eines völkischen Staates? Welche ideologisch-politischen Argumente führt er zu ihrer Legitimation an? Wo liegen für Hitler die entscheidenden Divergenzen zwischen der „Kolonial- und Handelspolitik der Vorkriegszeit" und der „Bodenpolitik der Zukunft"? Wie kommt Hitler zu der These, daß das „Riesenreich im Osten reif zum Zusammenbruch" sei? (Nr. 1 a)*
2. *Was versteht Hitler unter „Grenz-" bzw. „Raumpolitik"? Inwiefern hebt sich sein außenpolitisches Verständnis von dem des Bürgertums ab?*
   *Welche möglichen außenpolitischen Zielvorstellungen Deutschlands lehnt Hitler ab und warum? Welche bejaht er und warum? Welche Konsequenzen ergeben sich daraus für eine deutsche Bündnispolitik? (Nr. 1 b)*
3. *Mit welchen Mitteln suchte Hitler – gemäß der Analyse des Historikers Fritz Dickmann – seine Eroberungspolitik vorzubereiten und durchzusetzen? (Nr. 2 a)*
4. *Wie weit wird diese Taktik durch Hitlers an die Adresse des Auslands gerichtete Reden vom 17. 5. 1933 und 21. 5. 1935 bestätigt? (Nr. 2 b)*
5. *Welche Gründe bestimmten Hitler zum Abschluß des Nichtangriffspakts mit Polen? Inwiefern setzte er dabei das taktische Interesse vor die ideologische Konsequenz? (Nr. 3 a)*
6. *Welche Bedeutung kommt dem deutsch-englischen Flottenabkommen vom Juni 1935 zu? Warum läßt es sich als das „erste Epochenereignis der Appeasement-Politik" bezeichnen? (Nr. 3 b)*
7. *Inwiefern läßt der Einmarsch in die entmilitarisierte Rheinlandzone typische Züge von Hitlers außenpolitischer Strategie erkennen? (Nr. 3 c)*
8. *In welchem Ausmaß dokumentieren sich in der Hoßbach-Niederschrift Kontinuität und Veränderung im außenpolitischen Programm Hitlers? (Nr. 3 d und 3 e)*
9. *Inwieweit war Unsicherheit, in die sich auch echtes Friedensbedürfnis und das Gefühl der Rüstungsunterlegenheit mischten, gegenüber den Hitlerschen Plänen und Absichten der Nährboden der Appeasement-Politik? (Nr. 4)*
10. *Mit welchen Regieanweisungen läßt Hitler die Unterminierung des tschechoslowakischen Staates betreiben und die Annexion des Sudetenlandes vorbereiten? (Nr. 5)*
11. *Wie reagierten die Westmächte und die Prager Regierung auf die Karlsbader Forderungen Henleins vom 24. 4. 1938? (Nr. 6)*

12. *Welche Argumente werden zur Ungültigkeit des Münchener Abkommens (vgl. Nr. 7a) von Anfang an ins Feld geführt und welche dagegen? (Nr. 7b)*
13. *Weshalb sah der britische Premierminister Chamberlain in dem Vorgehen Hitlers gegen die Rest-Tschechei eine politische Brüskierung? Welche Warnung knüpfte er an diese Tatsache? (Nr. 8)*
14. *Welche Bestimmungen enthüllen den deutsch-sowjetischen Nichtangriffspakt als „Erwerbsgeschäft auf Gegenseitigkeit" (W. Hofer)? Inwiefern läßt sich aus ihm eine Mitverantwortung der Sowjetunion für die Entfesselung des Zweiten Weltkrieges durch Hitler ableiten? (Nr. 9a)*
15. *Welcher Art waren die deutschen Motive beim Abschluß des Nichtangriffspakts mit der Sowjetunion? (Nr. 9b)*
16. *Welche Motive bestimmten Stalin zum Abschluß des Nichtangriffspakts? Welche situativen und territorialen Gewinne brachte er der Sowjetunion? (Nr. 9c)*
17. *Auf welche ideologischen Bedenken stieß der Nichtangriffspakt bei dogmatischen Nationalsozialisten? (Nr. 9d)*
18. *In welchem Licht läßt Hitlers Rede vor der deutschen Presse am 10. 11. 1938 die Auftritte des „Führers" als friedensbereiter Staatsmann erscheinen? (Nr. 10a)*
19. *Welche Befürchtungen der NS-Führung formuliert Goebbels im Rückblick auf die ungestörte außenpolitische Machtentfaltung des Dritten Reiches? (Nr. 10b)*

## Materialien

### 1. Hitlers außenpolitisches Programm

#### *a) Aus: Mein Kampf, geschrieben 1925/1926*

*Die Außenpolitik des völkischen Staates hat die Existenz der durch den Staat zusammengefaßten Rasse auf diesem Planeten sicherzustellen, indem sie zwischen der Zahl und dem Wachstum des Volkes einerseits und der Größe und Güte des Grund und Bodens andererseits ein gesundes, lebensfähiges, natürliches Verhältnis schafft.*

Als *gesundes* Verhältnis darf dabei immer nur jener Zustand angesehen werden, der die Ernährung eines Volkes auf eigenem Grund und Boden sichert. Jeder andere Zustand, mag er auch Jahrhunderte, ja selbst Jahrtausende andauern, ist nichtsdestoweniger ein ungesunder und wird früher oder später zu einer Schädigung, wenn nicht zur Vernichtung des betreffenden Volkes führen.

*Nur ein genügend großer Raum auf dieser Erde sichert einem Volke die Freiheit des Daseins.*

Dabei kann man die notwendige Größe des Siedlungsgebietes nicht ausschließlich von den Erfordernissen der Gegenwart aus beurteilen, ja, nicht einmal von der Größe des Bodenertrages, umgerechnet auf die Zahl des Volkes. Denn wie ich schon im ersten Band unter „Deutsche Bündnispolitik vor dem Kriege" ausführte, *kommt der Grundfläche eines Staates außer ihrer Bedeutung als direkter Nährquelle eines Volkes auch noch eine andere, die militärpolitische,* zu. Wenn ein Volk in der Größe seines Grund und Bodens seine Ernährung an sich gesichert hat, so ist es dennoch notwendig, auch noch die Sicherstellung des vorhandenen Bodens selbst zu bedenken. Sie liegt in der allgemeinen machtpolitischen Stärke des Staates, die wieder nicht wenig durch militärgeographische Gesichtspunkte bestimmt wird . . .

*Die nationalsozialistische Bewegung muß versuchen, das Mißverhältnis zwischen unserer Volkszahl und unserer Bodenfläche – diese als Nährquelle sowohl wie auch als machtpolitischer Stützpunkt angesehen –, zwischen unserer historischen Vergangenheit und der Aussichtslosigkeit unserer Ohnmacht in der Gegenwart, zu beseitigen.* Sie muß sich dabei bewußt bleiben, daß wir als Wahrer höchsten Menschentums auf dieser Erde auch an eine höchste Verpflichtung gebunden sind, und sie wird um so mehr dieser Verpflichtung zu genügen vermögen, je mehr sie dafür sorgt, daß das deutsche Volk rassisch zur Besinnung gelangt und sich außer der Zucht von Hunden, Pferden und Katzen auch des *eigenen* Blutes erbarmt . . .

Selbst bei günstigem Erfolge würde ein solcher Versuch der Wiederherstellung der Grenzen von 1914 zu einer weiteren Ausblutung unseres Volkskörpers führen in einem Umfange, daß für die das Leben und die Zukunft der Nation wirklich sichernden Entschlüsse und Taten kein wertvoller Bluteinsatz mehr vorhanden wäre. Im Gegenteil, im Rausche eines solchen seichten Erfolges würde man auf jede weitere Zielsetzung um so lieber verzichten, als die „nationale Ehre" ja repariert und der kommerziellen Entwicklung, wenigstens bis auf weiteres, wieder einige Tore geöffnet wären.
Demgegenüber müssen wir Nationalsozialisten unverrückbar an unserem außenpolitischen Ziele festhalten, nämlich dem *deutschen Volk den ihm gebührenden Grund und Boden auf dieser Erde zu sichern.* Und diese Aktion ist die einzige, die vor Gott und unserer deutschen Nachwelt einen Bluteinsatz gerechtfertigt erscheinen läßt: Vor Gott, insoferne wir auf diese Welt gesetzt sind mit der Bestimmung des ewigen Kampfes um das tägliche Brot, als Wesen, denen nichts geschenkt wird, und die ihre Stellung als Herren der Erde nur der Genialität und dem Mute verdanken, mit dem sie sich diese zu erkämpfen und zu wahren wissen; vor unserer deutschen Nachwelt aber, insoferne wir keines Bürgers Blut vergossen, aus dem nicht tausend andere der Nachwelt geschenkt werden. Der Grund und Boden, auf dem dereinst deutsche Bauerngeschlechter kraftvolle Söhne zeugen können, wird die Billigung des Einsatzes der Söhne von heute zulassen, die verantwortlichen Staatsmänner aber, wenn auch von der Gegenwart verfolgt, dereinst freisprechen von Blutschuld und Volksopferung.
Ich muß mich dabei schärfstens gegen jene völkischen Schreiberseelen wenden, die in einem solchen Bodenerwerb eine „Verletzung heiliger Menschenrechte" zu erblicken vorgeben und demgemäß ihr Geschreibsel dagegen ansetzen. Man weiß ja nie, wer hinter einem solchen Burschen steckt. Sicher ist nur, daß die Verwirrung, die sie anzurichten vermögen, den Feinden unseres Volkes erwünscht und gelegen kommt. Durch eine solche Haltung helfen sie frevelhaft mit, unserem Volke von innen heraus den Willen für die einzig richtige Art der Vertretung seiner Lebensnotwendigkeiten zu schwächen und zu beseitigen. Denn kein Volk besitzt auf dieser Erde auch nur einen Quadratmeter Grund und Boden auf höheren Wunsch und laut höherem Recht. So wie Deutschlands Grenzen Grenzen des Zufalls sind und Augenblicksgrenzen im jeweiligen politischen Ringen der Zeit, so auch die Grenzen der Lebensräume der anderen Völker. Und so wie die Gestaltung unserer Erdoberfläche nur dem gedankenlosen Schwachkopf als graniten unveränderlich erscheinen mag, in Wahrheit aber nur für jede Zeit einen scheinbaren Ruhepunkt in einer laufenden Entwicklung darstellt, geschaffen in dauerndem Werden durch die gewaltigen Kräfte der Natur, um vielleicht schon morgen durch größere Kräfte Zerstörung oder Umbildung zu erfahren, so auch im Völkerleben die Grenzen der Lebensräume.

*Staatsgrenzen werden durch Menschen geschaffen und durch Menschen geändert.*

Die Tatsache des Gelingens eines unmäßigen Bodenerwerbs durch ein Volk ist keine höhere Verpflichtung zur ewigen Anerkennung desselben. Sie beweist höchstens die Kraft der Eroberer und die Schwäche der Dulder. Und nur in dieser Kraft allein liegt dann das Recht. Wenn das deutsche Volk heute, auf unmöglicher Grundfläche zusammengepfercht, einer jämmerlichen Zukunft entgegengeht, so ist dies ebensowenig ein Gebot des Schicksals wie ein Auflehnen dagegen eine Brüskierung desselben darstellt. Genau so wenig wie etwa eine höhere Macht einem anderen Volke mehr Grund und Boden als dem deutschen zugesprochen hat oder durch die Tatsache dieser ungerechten Bodenverteilung beleidigt wird. So wie unsere Vorfahren den Boden, auf dem wir heute leben, nicht vom Himmel geschenkt erhielten, sondern durch Lebenseinsatz erkämpfen mußten, so wird auch uns in Zukunft den Boden und damit das Leben für unser Volk keine völkische Gnade zuweisen, sondern nur die Gewalt eines siegreichen Schwertes.

So sehr wir heute auch alle die Notwendigkeit einer Auseinandersetzung mit Frankreich erkennen, so wirkungslos bliebe sie in der großen Linie, wenn sich in ihr unser außenpolitisches Ziel erschöpfen würde. Sie kann und wird nur Sinn erhalten, wenn sie die Rückendekkung bietet für eine Vergrößerung des Lebensraumes unseres Volkes in Europa. Denn nicht in einer kolonialen Erwerbung haben wir die Lösung dieser Frage zu erblicken, sondern ausschließlich im Gewinn eines Siedlungsgebietes, das die Grundfläche des Mutterlandes selbst erhöht und dadurch nicht nur die neuen Siedler in innigster Gemeinschaft mit dem Stammland erhält, sondern der gesamten Raummenge jene Vorteile sichert, die in ihrer vereinten Größe liegen.

Die völkische Bewegung hat nicht der Anwalt anderer Völker, sondern der Vorkämpfer des eigenen Volkes zu sein. Andernfalls ist sie überflüssig und hat vor allem gar kein Recht, über die Vergangenheit zu maulen. Denn dann handelt sie wie diese. So wie die alte deutsche Politik zu Unrecht von dynastischen Gesichtspunkten bestimmt wurde, so wenig darf die künftige von völkischen Allerweltsgefühlsduseleien geleitet werden. Insbesondere aber sind wir nicht der Schutzpolizist der bekannten „armen, kleinen Völker“, sondern Soldaten unseres eigenen.

Wir Nationalsozialisten haben jedoch noch weiter zu gehen:

*Das Recht auf Grund und Boden kann zur Pflicht werden, wenn ohne Bodenerweiterung ein großes Volk dem Untergang geweiht erscheint.*

Noch ganz besonders dann, wenn es sich dabei nicht um ein x-beliebiges Negervölkchen handelt, sondern um die germanische Mutter all des Lebens, das der heutigen Welt ihr kulturelles Bild gegeben hat. *Deutschland wird entweder Weltmacht oder überhaupt nicht sein.* Zur Weltmacht aber braucht es jene Größe, die ihm in der heutigen Zeit die notwendige Bedeutung und seinen Bürgern das Leben gibt.

*Damit ziehen wir Nationalsozialisten bewußt einen Strich unter die außenpolitische Richtung unserer Vorkriegszeit. Wir setzen dort an, wo man vor sechs Jahrhunderten endete. Wir stoppen den ewigen Germanenzug nach dem Süden und Westen Europas und weisen den Blick nach dem Land im Osten. Wir schließen endlich ab die Kolonial- und Handelspolitik der Vorkriegszeit und gehen über zur Bodenpolitik der Zukunft.*

Wenn wir aber heute in Europa von neuem Grund und Boden reden, können wir in erster Linie nur an *Rußland* und die ihm untertanen Randstaaten denken.

Das Schicksal selbst scheint uns hier einen Fingerzeig geben zu wollen. Indem es Rußland dem Bolschewismus überantwortete, raubte es dem russischen Volke jene Intelligenz, die bisher dessen staatlichen Bestand herbeiführte und garantierte. Denn die Organisation eines russischen Staatsgebildes war nicht das Ergebnis der staatspolitischen Fähigkeiten des Slawentums in Rußland, sondern vielmehr nur ein wundervolles Beispiel für die staatenbildende Wirksamkeit des germanischen Elementes in einer minderwertigen Rasse. So sind zahlreiche mächtige Reiche der Erde geschaffen worden ... Seit Jahrhunderten zehrte Rußland von diesem germanischen Kern seiner oberen leitenden Schichten. Er kann heute als fast restlos ausgerottet und ausgelöscht angesehen werden. An seine Stelle ist der Jude getreten. So unmöglich es dem Russen an sich ist, aus eigener Kraft das Joch der Juden abzuschütteln, so unmöglich ist es dem Juden, das mächtige Reich auf die Dauer zu erhalten. Er selbst ist kein Element der Organisation, sondern ein Ferment der Dekomposition. Das Riesenreich im Osten ist reif zum Zusammenbruch. Und das Ende der Judenherrschaft in Rußland wird auch das Ende Rußlands als Staat sein. Wir sind vom Schicksal ausersehen, Zeugen einer Katastrophe zu werden, die die gewaltigste Bestätigung für die Richtigkeit der völkischen Rassentheorie sein wird.
*Unsere Aufgabe, die Mission der nationalsozialistischen Bewegung, aber ist, unser eigenes Volk zu jener politischen Einsicht zu bringen, daß es sein Zukunftsziel nicht im berauschenden Eindruck eines neuen Alexanderzuges erfüllt sieht, sondern vielmehr in der emsigen Arbeit des deutschen Pfluges, dem das Schwert nur den Boden zu geben hat.*

Aus: Adolf Hitler, Mein Kampf (1925/26; 2. Band), zwei Bände in einem Band, München 1930, S. 728; 732; 739ff.

*b) Aus: Zweites Buch, geschrieben 1928*

Ich bin deutscher Nationalist. Das heißt, ich bekenne mich zu meinem Volkstum. Mein gesamtes Denken und Handeln gehört ihm. Ich bin Sozialist. Ich sehe vor mir keine Klasse und keinen Stand, sondern jene Gemeinschaft von Menschen, die blutsmäßig verbunden, durch eine Sprache geeint, einem allgemeinen gleichen Schicksal unterworfen sind. Ich liebe das Volk und hasse nur seine jeweiligen Majoritäten, weil ich in ihnen ebensowenig eine Repräsentantin der Größe wie des Glückes meines Volkes ersehe.
Die nationalsozialistische Bewegung, die ich heute führe, sieht als ihr Ziel die Befreiung unseres Volkes innen und außen an. Sie will unserem Volke im Innern jene Formen des Lebens geben, die seinem Wesen angepaßt erscheinen und als Ausdruck dieses Wesens ihm selbst wieder zugute kommen. Sie will damit das Wesen dieses Volkes erhalten und durch planmäßige Förderung seiner besten Menschen und besten Tugenden höher züchten. Sie tritt ein für die äußere Freiheit dieses Volkes, weil nur unter ihr dieses Leben jene Gestaltung zu finden vermag, die dem eigenen Volke dienlich ist. Sie kämpft für das tägliche Brot dieses Volkes, weil sie (im Hunger) das Recht des Lebens dieses Volkes verficht. Sie kämpft für den notwendigen Raum, weil sie die Lebensrechte dieses Volkes vertritt.
Damit versteht die nationalsozialistische Bewegung unter dem Begriff „Innenpolitik" die Förderung, Stärkung und Festigung der Existenz unseres Volkes durch die Einführung von Lebensformen und Lebensgesetzen, die dem Wesen unseres Volkes entsprechen und seine grundsätzlichen Kräfte zur Auswirkung zu bringen vermögen.
Sie versteht unter Außenpolitik die Sicherung dieser Entwicklung durch Erhaltung der Freiheit und Beschaffung der notwendigsten Voraussetzungen zum Leben.

Damit unterscheidet sich außenpolitisch die nationalsozialistische Bewegung von den bisherigen bürgerlichen Parteien etwa in folgendem: Die Außenpolitik der nationalen bürgerlichen Welt ist in Wahrheit stets nur eine Grenzpolitik gewesen, die der nationalsozialistischen Bewegung wird demgegenüber immer eine Raumpolitik sein. Das deutsche Bürgertum wird in seinen kühnsten Plänen etwa bis zum Zusammenschluß der deutschen Nation gelangen, in Wirklichkeit aber meist in stümperhaftem Grenzregulieren aufgehen.

Die nationalsozialistische Bewegung wird dem gegenüber stets ihre Außenpolitik von der Notwendigkeit bestimmen lassen, dem Leben unseres Volkes den nötigen Raum zu sichern. Sie kennt kein Germanisieren oder Deutschisieren, wie dies beim nationalen Bürgertum der Fall ist, sondern nur eine Ausbreitung des eigenen Volkes. Sie wird im unterworfenen, sogenannten germanisierten Tschechen oder Polen niemals eine nationale oder gar völkische Stärkung erblicken, sondern eine rassische Schwächung unseres Volkes. Denn ihre Nationalauffassung wird nicht bestimmt von bisherigen patriotischen Staatsgedanken, als vielmehr von völkischen, rassischen Erkenntnissen. Damit ist der Ausgangspunkt ihres Denkens ein ganz anderer als der der bürgerlichen Welt. Manches, was dem nationalen Bürgertum deshalb als politischer Erfolg der Vergangenheit und Gegenwart erscheint, ist für uns entweder ein Mißerfolg oder die Ursache eines späteren Unglücks. Und vieles, was wir als selbstverständlich ansehen, erscheint dem deutschen Bürgertum als unbegreiflich oder gar grauenhaft.

Dennoch wird mich besonders ein Teil der deutschen Jugend aus bürgerlichen Kreisen zu verstehen vermögen. Und weder ich noch die nationalsozialistische Bewegung rechnen überhaupt damit, aus den Kreisen des heutigen tätigen politisch-nationalen Bürgertums eine Unterstützung zu finden, wohl aber wissen wir, daß zumindest ein Teil der Jugend den Weg in unsere Reihen finden wird . . .

Man kann nicht die außenpolitischen Möglichkeiten Deutschlands überprüfen, ohne erst Klarheit zu besitzen darüber, was man in Deutschland selbst will, wie also Deutschland selbst seine Zukunft zu gestalten gedenkt. Weiter wird man dann die außenpolitischen Ziele derjenigen Mächte in Europa klarzulegen versuchen müssen, die als Angehörige der Siegerkoalition die Bedeutung von Weltmächten haben.

Ich habe bereits in diesem Buche die verschiedenen außenpolitischen Möglichkeiten Deutschlands behandelt. Dennoch will ich noch einmal in aller Kürze die möglichen außenpolitischen Ziele aufstellen, damit sich durch sie eine Basis ergibt, zur kritischen Prüfung der Verhältnisse dieser einzelnen außenpolitischen Ziele zu denen der anderen europäischen Staaten.

1. Deutschland kann auf eine außenpolitische grundsätzliche Zielsetzung überhaupt verzichten. Das heißt in Wirklichkeit, es kann sich zu allem entschließen, und es braucht sich auf gar nichts festlegen.

Es wird damit die Politik der letzten 30 Jahre nur unter anderen Verhältnissen auch in der Zukunft fortsetzen. Würde nun die Welt aus lauter Staaten mit ähnlicher politischer Ziellosigkeit bestehen, ließe sich dies für Deutschland, wenn auch noch lange nicht rechtfertigen, so doch wenigstens ertragen. Dies ist aber eben nicht so. So, wie aber im gewöhnlichen Leben ein Mensch mit einem festen Lebensziel, das er unter allen Umständen zu erreichen trachtet, ziellosen anderen stets überlegen sein wird, genauso auch im Leben der Völker. Damit ist vor allem noch lange nicht gesagt, daß ein Staat ohne politische Zielsetzung

Gefahren, die eine solche vielleicht mit sich bringen könnte, zu vermeiden wird in der Lage sein. Denn so sehr er auch infolge seiner eigenen politischen Ziellosigkeit einer aktiven Tätigkeit enthoben erscheint, so leicht kann er in seiner Passivität das Opfer der politischen Ziele anderer werden. Denn das Handeln eines Staates wird nicht nur durch seinen Willen bestimmt, sondern auch durch den der übrigen, nur mit dem Unterschied, daß er im einen Fall das Gesetz des Handelns selbst bestimmen kann, während es im anderen Fall ihm aufgezwungen wird. Aus friedlicher Gesinnung heraus einen Krieg nicht wollen, heißt noch lange nicht, ihn auch vermeiden können. Und einen Krieg um jeden Preis vermeiden zu wollen, bedeutet noch lange nicht die Rettung des Lebens vor dem Tode.

Die Lage Deutschlands in Europa ist heute eine solche, daß es bei eigener politischer Ziellosigkeit noch lange nicht hoffen darf, einem Zustand der beschaulichen Ruhe entgegengehen zu können. Eine solche Möglichkeit existiert für ein Volk, das mitten im Herzen Europas sich befindet, nicht. Entweder Deutschland versucht, selbst aktiv an der Gestaltung des Lebens mitzuwirken, oder es wird ein passives Objekt der Lebensgestaltung anderer Völker sein. Alle Klugheit, die bisher vermeinte, Völker aus geschichtlichen Gefahren durch Erklärungen eines allgemeinen Desinteressements herausziehen zu können, hat sich bisher noch stets als ebenso feiger wie dummer Irrtum herausgestellt. Wer nicht Hammer sein will, wird in der Geschichte Amboß sein. Unser deutsches Volk hat in seiner ganzen bisherigen Entwicklung immer nur zwischen diesen zwei Möglichkeiten zu wählen gehabt. Wollte es selbst Geschichte machen, so hat es sich demgemäß selbst freudig und kühn eingesetzt, dann war es immer noch Hammer gewesen. Glaubte es aber den Verpflichtungen zum Lebenskampf entsagen zu können, dann war es bisher noch stets der Amboß, auf dem entweder andere ihren Lebenskampf ausgefochten haben, oder es diente selbst den Fremden als Nahrung.

Deutschland wird also, wenn es leben will, die Verteidigung dieses Lebens auf sich nehmen müssen, und die beste Parade war auch hier stets der Hieb. Ja, Deutschland darf überhaupt nicht hoffen, für seine eigene Lebensgestaltung noch etwas tun zu können, wenn es sich nicht zu einer klaren außenpolitischen Zielsetzung aufrafft, die geeignet erscheint, den deutschen Lebenskampf in kluge Beziehung zu den Interessen anderer Völker zu bringen.

Tut man dies aber nicht, dann wird die Ziellosigkeit im großen die Planlosigkeit im einzelnen bedingen. Diese Planlosigkeit wird uns in Europa langsam zu einem zweiten Polen machen. In eben dem Maße, in dem wir unsere eigenen Kräfte dank unserem allgemeinen politischen Defaitismus schwächer werden (lassen?) und die einzige Aktivität unseres Lebens sich dann nur mehr innenpolitisch austobt, werden wir außenpolitisch zum Spielball der weltgeschichtlichen Ereignisse herabsinken, deren bewegende Kräfte dem Lebens- und Interessenkampf anderer Völker entspringen.

Im übrigen werden Völker, die über ihre eigene Zukunft keine klare Entscheidung zu treffen vermögen und demgemäß am Spiel der Weltentwicklung am liebsten nicht teilnehmen möchten, von allen Mitspielern als Spielverderber empfunden und gleichmäßig gehaßt. Ja, es kann dann sogar vorkommen, daß man die in der allgemeinen außenpolitischen Ziellosigkeit begründete Planlosigkeit der einzelnen politischen Handlungen im Gegenteil als ganz raffiniertes undurchsichtiges Spiel ansieht und demgemäß beantwortet. Es war dies mit ein Unglück, das uns in der Vorkriegszeit betroffen hat. Je undurchsichtiger, weil unverständlicher, die damaligen politischen Entschlüsse der deutschen Reichsregierung waren, um so

verdächtiger schienen sie, und um so mehr witterte man hinter selbst den dümmsten Schritten Gedanken von einer dafür ganz besonderen Gefährlichkeit.
Wenn also Deutschland sich heute zu einer klaren politischen Zielsetzung nicht mehr aufrafft, dann verzichtet es damit praktisch auf alle Möglichkeiten zu einer Revision unseres heutigen Schicksals, ohne weiteren Gefahren für die Zukunft damit im geringsten entgehen zu können.
2. Deutschland wünscht wirtschaftsfriedlich wie bisher die Ernährung des deutschen Volkes durchzuführen. Es will sich demgemäß auch in der Zukunft an Weltindustrie, -export und -handel maßgebendst beteiligen. Es will damit wieder eine große Handelsflotte, will Kohlenstationen und Stützpunkte in der anderen Welt und will endlich nicht nur internationale Absatzmärkte, sondern wenn möglich auch in Form von Kolonien eigene Rohstoffquellen. In der Zukunft wird man eine solche Entwicklung zwangsläufig besonders durch maritime Machtmittel zu schützen haben.
Dieses ganze politische Zukunftsziel ist Utopie, wenn nicht vorher England niedergeworfen erscheint. Es stellt alle Gründe erneut her, die im Jahre 1914 im Weltkrieg endeten. Jeder Versuch Deutschlands, auf diesem Wege seine Vergangenheit erneut aufzubauen, muß bei der Todfeindschaft Englands enden, zu der dann als sicherster Partner von vorneherein Frankreich gerechnet werden darf.
Vom völkischen Standpunkt aus ist diese außenpolitische Zielsetzung unheilvoll, vom machtpolitischen aus gesehen, wahnsinnig.
3. Deutschland setzt als sein außenpolitisches Ziel die Wiederherstellung der Grenzen des Jahres 1914 fest.
Dieses Ziel ist ungenügend vom nationalen Standpunkt aus, unbefriedigend vom militärischen, unmöglich vom in die Zukunft blickenden völkischen und wahnsinnig von dem seiner Folgen. Deutschland hat damit die gesamte Siegerkoalition von einst auch in der Zukunft als geschlossene Front von Gegnern vor sich. Wie man aber bei unserer derzeitigen militärischen Lage, die bei einer Weiterdauer des jetzigen Zustandes von Jahr zu Jahr schlimmer werden wird, die alten Grenzen wiederherstellt, ist das undurchdringliche Geheimnis unserer national-bürgerlichen und vaterländischen Staatspolitiker.
4. Deutschland entschließt sich (sein Zukunftsziel) [!], zu einer klaren weitschauenden Raumpolitik überzugehen. Es wendet sich damit von allen weltindustriellen und welthandelspolitischen Versuchen ab und konzentriert statt dessen alle seine Kräfte, um unserem Volk durch die Zuweisung eines genügenden Lebensraumes für die nächsten 100 Jahre auch einen Lebensweg vorzuzeichnen. Da dieser Raum nur im Osten liegen kann, tritt auch die Verpflichtung zu einer Seemacht in den Hintergrund. Deutschland versucht erneut, auf dem Wege der Bildung einer ausschlaggebenden Macht zu Lande seine Interessen zu verfechten.
Dieses Ziel entspricht ebenso höchsten nationalen wie völkischen Anforderungen. Es setzt ebenfalls große militärische Machtmittel zur Durchführung voraus, bringt aber Deutschland nicht unbedingt in Konflikt mit sämtlichen europäischen Großmächten. So sicher auch hier Frankreich Deutschlands Feind bleiben wird, so wenig liegt aber in der Natur eines solchen außenpolitischen Zieles für England und besonders für Italien ein Grund zur Aufrechterhaltung der Feindschaft des Weltkrieges.

Zit. nach Hitlers „Zweites Buch", hrsg. von Gerhard L. Weinberg, Stuttgart 1961, S. 78 ff.; 161 ff.

## 2. Zur Taktik der Hitlerschen Außenpolitik

### *a) Macht, Aufrüstung und Bündnispolitik*

Wie aber soll eine solche Eroberungspolitik gigantischen Ausmaßes (um in Hitlers Jargon zu reden) ermöglicht werden? Angesichts der politischen Wirklichkeit, der Machtlosigkeit Deutschlands unter dem Versailler Vertrag eine nur allzu naheliegende Frage! Hitler hat sie sich gestellt und auf seine Weise zu beantworten versucht, auch hier wieder mit der doktrinären Arroganz und der gleichen, aus Phantasterei und unheimlich zielsicherem Machtinstinkt gemischten Konsequenz, die sein Denken kennzeichnet, und mit der gleichen pedantischen Systematik, mit der er seine Ideen vorzutragen pflegte und die ihm offensichtlich Bedürfnis war, um sie sich und anderen als Resultate einer zwingenden und unerbittlichen Logik erscheinen zu lassen. Man kann die Vorstufen künftiger Weltmachtpolitik, wie Hitler sie sah, mit den drei Schlagworten Eroberung der politischen Macht, Aufrüstung und Bündnispolitik bezeichnen.

Zunächst also die innerpolitischen Voraussetzungen: Hitler hat vom ersten Tage seiner politischen Tätigkeit an bis zur „Machtergreifung" am 30. Januar 1933 daran festgehalten, daß das, was er als „Wiedergeburt der sittlichen und geistigen Kräfte der Nation" bezeichnete, die erste Voraussetzung zur Wiedererringung der äußeren Macht sei. Schon ein Brief vom 16. September 1919 gibt zu erkennen, was er unter dieser „Wiedergeburt" versteht, enthält die später zum Überdruß wiederholten Beschimpfungen der Demokratie, die Hetze gegen die Juden, spricht von dem „rücksichtlosen Einsatz national gesinnter Führerpersönlichkeiten mit innerlichem Verantwortungsgefühl", und diese Melodie bleibt unverändert bis zur Machtergreifung; noch im Dezember 1932, unmittelbar vor den Toren der Macht, bezeichnete er dem Obersten Reichenau als erste und wichtigste Voraussetzung zur „Lösung der deutschen Krise" die „Überwindung des Marxismus und seiner Folgeerscheinungen bis zu ihrer vollständigen Ausrottung". Zwar versichert Hitler immer wieder, daß diese „Wiedergeburt" ein geistiger, ein sittlicher, ein Willensvorgang sei, aber nicht nur seine rüde Sprache läßt keinen Zweifel, daß er diesem geistigen Prozeß mit rücksichtsloser Gewalt nachzuhelfen gedachte, auch seine politischen Kampfmethoden ließen das erkennen, und er hat es zudem oft genug ausgesprochen, daß er sich diese Wiedergeburt nur als Erringung der diktatorischen und unumschränkten Macht in Deutschland vorstellen konnte, ja daß mit dem schönen Wort im Grunde genommen nichts anderes als das gemeint war . . .

Zum zweiten die Aufrüstung: Hitler hat offen ausgesprochen, was angesichts seiner außenpolitischen Entwürfe ja nur eine Binsenwahrheit war und dann doch in der ersten außenpolitischen Etappe nach der Machtübernahme mit so merkwürdigem Erfolg im In- und Ausland verschleiert werden konnte, daß er die Wiederbewaffnung Deutschlands nicht zur Verteidigung, sondern zum Zweck des Angriffs erstrebe: „Armeen zur Erhaltung des Friedens gibt es nicht, sondern nur zum Durchfechten des Krieges". Als Ziel der Aufrüstung bezeichnet Hitler, in Analogie zu dem britischen Two-Power-Standard zur See, einen deutschen Zwei-Mächte-Standard zu Lande. Deutschlands Landheer soll jederzeit stärker sein als die beiden nächststärksten Landheere des Kontinents zusammengenommen. Wie das erreicht werden soll, und wie Deutschland verhindern könne, daß alsbald ein Rüstungswettlauf einsetzt, der ihm diesen Vorsprung streitig macht, wird nicht erörtert. Es wird vielmehr vorausgesetzt, daß dieser Rüstungsstand erreicht wird, und Hitlers Zukunftssorge gilt nur seiner Erhaltung. Er muß, einmal errungen, unter allen Umständen bewahrt werden, sei es auch durch einen Präventivkrieg; ja Hitler bezeichnet diesen Grundsatz geradezu als „das politische Testament der deutschen Nation für ihr Handeln nach außen“ und formuliert ihn mit den gebieterischen Sätzen:

„Duldet niemals das Entstehen zweier Kontinentalmächte in Europa. Seht in jeglichem Versuch, an den deutschen Grenzen eine zweite Militärmacht zu organisieren, und sei es auch nur in Form der Bildung eines zur Militärmacht fähigen Staates, einen Angriff gegen Deutschland und erblickt darin nicht nur das Recht, sondern die Pflicht, mit allen Mitteln, bis zur Anwendung von Waffengewalt, die Entstehung eines solchen Staates zu verhindern, beziehungsweise einen solchen wenn er schon entstanden, wieder zu zerschlagen.“

Die dritte Voraussetzung seiner künftigen Außenpolitik wäre nach Hitlers Meinung, die Mächtekonstellation in Europa zu schaffen, die Deutschland das Ausgreifen nach Osten, in die Weite des russischen Raumes, ermöglichen soll, also eine Bündnispolitik, die selbstverständlich wie die Aufrüstung nur offensiv gemeint sein kann: „Ein Bündnis, dessen Ziel nicht die Absicht zu einem Krieg umfaßt, ist sinn- und wertlos. Bündnisse schließt man nur zum Kampf“ schreibt er schon 1925.

Aber konnte Hitler im Ernst glauben, für seine wahnwitzigen außenpolitischen Pläne Bundesgenossen zu finden? Er meinte in der Tat, daß es Mächte gebe, die Interesse daran haben würden, Deutschland dabei durch ein Bündnis zu unterstützen, mindestens aber ihm Rückenfreiheit zu garantieren. Das war freilich nur möglich, weil er seine eigenen primitiven und brutalen Ideen von „Machtpolitik“ als unabdingbare, ewige Prinzipien aller Machtpolitik überhaupt betrachtete und bei den anderen Mächten die gleiche Grundeinstellung voraussetzte, wie er sie seinem Volke predigte: nämlich daß brutale Selbstsucht ohne sittliche Hemmung, rücksichtslose Vergewaltigung und Beraubung anderer Nationen, Vernichtung aller wirklichen, vermeintlichen oder auch nur möglichen Gegner, Verachtung der Rechte und Lebensinteressen anderer Völker – daß das alles die unveränderlichen Grundgesetze jeder Außenpolitik seien. In Wirklichkeit ist Hitler in der Beurteilung der anderen Nationen den groteskesten Fehlbeurteilungen verfallen. Nirgendwo hat sich seine Unwissenheit, seine arrogante Mißachtung aller Sachkenntnis – die ihm, der nie im Ausland gewesen war und keine fremde Sprache beherrschte, vollkommen abging, – so peinlich bemerkbar gemacht und so bitter gerächt wie hier.

Aus: Fritz Dickmann, Machtwille und Ideologie in Hitlers außenpolitischen Zielsetzungen vor 1933, in: Spiegel der Geschichte, Festgabe für Max Braubach, S. 924 ff. Herausgegeben von Konrad Repgen und Stephan Skalweit, Münster 1964

### *b) Hitlers Friedensbotschaften*

(Aus der Reichtagsrede vom 17. 5. 1933)

Wenn ich in diesem Augenblicke bewußt als deutscher Nationalsozialist spreche, so möchte ich namens der nationalen Regierung und der gesamten nationalen Erhebung bekunden, daß gerade uns in diesem jungen Deutschland das tiefste Verständnis beseelt für die gleichen Gefühle und Gesinnungen sowie für die begründeten Lebensansprüche der anderen Völker. Die Generation dieses jungen Deutschlands, die in ihrem bisherigen Leben nur die Not, das Elend und den Jammer des eigenen Volkes kennenlernte, hat zu sehr unter dem Wahnsinn gelitten, als daß sie beabsichtigen könnte, das gleiche anderen zuzufügen . . .

Indem wir in grenzenloser Liebe und Treue an unserem eigenen Volkstum hängen, respektieren wir die nationalen Rechte auch der anderen Völker aus dieser selben Gesinnung heraus und möchten aus tiefinnerstem Herzen mit ihnen in Frieden und Freundschaft leben ...

Wir haben keinen sehnlicheren Wunsch, als dazu beizutragen, daß die Wunden des Krieges und des Versailler Vertrages endgültig geheilt werden. Deutschland will dabei keinen anderen Weg gehen als den, der durch die Verträge selbst als berechtigt anerkannt wird. Die deutsche Regierung wünscht, sich über alle schwierigen Fragen politischer und wirtschaftlicher Natur mit den anderen Nationen friedlich und vertraglich auseinanderzusetzen. Sie weiß, daß jeder militärische Akt in Europa auch im Falle seines vollständigen Gelingens, gemessen an seinen Opfern, in keinem Verhältnis steht zum möglichen endgültigen Gewinn.

Zit. nach Günter Schönbrunn, Weltkriege und Revolutionen 1914–1945, Geschichte in Quellen, Bd. V, München 1961, S. 349 f.

(Aus der Reichstagsrede vom 21. 5. 1935)

Das Blut, das auf dem europäischen Kontinent seit dreihundert Jahren vergossen wurde, steht außer jedem Verhältnis zu dem volklichen Resultat der Ereignisse. Frankreich ist am Ende Frankreich geblieben, Deutschland Deutschland, Polen Polen, Italien Italien usw. Was dynastischer Egoismus, politische Leidenschaft und patriotische Verblendung an scheinbaren tiefgreifenden staatspolitischen Veränderungen unter Strömen von Blut erreicht haben, hat in nationaler Beziehung stets nur die Oberfläche der Völker geritzt, ihre grundsätzliche Markierung aber wesentlich kaum mehr verschoben. Hätten diese Staaten nur einen Bruchteil ihrer Opfer für klügere Zwecke angesetzt, so wäre der Erfolg sicher größer und dauerhafter gewesen. Wenn ich als Nationalsozialist in allem Freimut diese Auffassung vertrete, dann bewegt mich dabei noch folgende Erkenntnis: Jeder Krieg verzehrt zunächst die Auslese der Besten. Da es in Europa aber einen leeren Raum nicht mehr gibt, wird jeder Sieg – ohne an der grundsätzlichen europäischen Not etwas zu ändern – höchstens eine ziffernmäßige Vermehrung der Einwohner eines Staates mit sich bringen können. Wenn aber den Völkern daran soviel liegt, dann können sie dies, statt mit Tränen, auf eine einfachere und vor allem natürlichere Weise erreichen. Eine gesunde Sozialpolitik kann bei einer Steigerung der Geburtenfreudigkeit einer Nation in wenigen Jahren mehr Kinder des eigenen Volkes schenken, als durch einen Krieg an fremden Menschen erobert und damit unterworfen werden könnten.

Nein! Das nationalsozialistische Deutschland will den Frieden aus tiefinnersten weltanschaulichen Überzeugungen. Es will ihn weiter aus der einfachen primitiven Erkenntnis, daß kein Krieg geeignet sein würde, das Wesen unserer allgemeinen europäischen Not zu beheben, wohl aber diese zu vermehren. Das heutige Deutschland lebt in einer gewaltigen Arbeit der Wiedergutmachung seiner inneren Schäden. Keines unserer Projekte sachlicher Natur wird vor zehn bis zwanzig Jahren vollendet sein. Keine der gestellten Aufgaben ideeller Art kann vor fünfzig oder vielleicht auch hundert Jahren ihre Erfüllung finden. Ich habe einst die nationalsozialistische Revolution durch die Schaffung der Bewegung begonnen und seitdem als Aktion geführt. Ich weiß, wir alle werden nur den allerersten Beginn dieser großen umwälzenden Entwicklung erleben. Was könnte ich anders wünschen als Ruhe und Frieden? Wenn man aber sagt, daß dies nur der Wunsch der Führung sei, so muß

ich darauf folgende Antwort geben: Wenn nur die Führungen und Regierenden den Frieden wollen, die Völker selbst haben sich noch nie den Krieg gewünscht!
Deutschland braucht den Frieden und es will den Frieden!

Zit. nach Walther Hofer, Der Nationalsozialismus – Dokumente 1933–1945. Überarbeitete Neuausgabe, Ffm. 1982, S. 178 f.

## 3. Zu den Stationen der Hitlerschen Außenpolitik bis 1937

### *a) Der deutsch-polnische Nichtangriffspakt*

Am 26. Januar 1934 wurde der deutsch-polnische Verständigungsvertrag unterzeichnet. Sein internationales Echo war groß, denn das Abkommen stand ganz im Zeichen einer friedlichen Ausgleichspolitik. Es war fraglos ein außergewöhnlicher Erfolg Hitlers. Allerdings hatte der deutsche Reichskanzler keine formelle Anerkennung der polnischen Westgrenze ausgesprochen. Im Grunde hatte er also die Auseinandersetzung zwischen beiden Staaten nur vertagt. Darüber scheint sich auch Pilsudski im klaren gewesen zu sein. Zweifellos bedeutete das Bündnis mit Polen einen ersten Schritt Deutschlands aus der außenpolitischen Isolierung, eine Entspannung der internationalen Lage, eine Auflockerung der französischen Bündniskonstellation im Osten und den Anfang eines Systems zweiseitiger Bündnisse, das Hitler für ein geeigneteres Mittel betrachtete, seine Pläne in die Tat umzusetzen, als das des Völkerbundes. Vor allem konnte der „Führer" nunmehr bei jeder sich bietenden Gelegenheit unter Hinweis auf den Vertrag mit Polen seine „friedlichen" Absichten unterstreichen. Der britische Botschafter Sir Eric Phipps berichtete nach London, Hitler habe den Beweis erbracht, daß er ein Staatsmann und fähig sei, um seiner Außenpolitik willen ein gewisses Maß an Popularität zu opfern. Überdies mag dieser nach allem, was wir über die weitere Entwicklung der deutsch-polnischen Beziehungen bis 1938 wissen, zunächst einer prinzipiellen Annäherung beider Staaten nicht ablehnend gegenübergestanden haben, so lange er mit Hilfe Polens seinem außenpolitischen Fernziel näherkam oder ganz allgemein aus dem Bündnis Vorteile der Rückenfreiheit ziehen konnte. Zum polnischen Gesandten Lipski äußerte er, daß Polen die letzte Barrikade der Zivilisation im Osten gegenüber der Gefahr des Bolschewismus sei. Die UdSSR reagierte auf den Pakt vom 26. 1. mit einem Kurswechsel. Von nun an intensivierte sie ihre Politik der Annäherung an die Westmächte und an den Völkerbund mit dem Ergebnis, daß sie am 18. September 1934 in letzteren aufgenommen wurde.

Aus: Hans-Adolf Jacobsen, Nationalsozialistische Außenpolitik 1933–1938, Ffm. 1968, S. 404 f.

### *b) Das deutsch-englische Flottenabkommen als Auftakt der Appeasement-Politik*

Den Anstoß zu der folgenschweren Wendung, die eine mögliche Anti-Hitler-Koalition verhindert und das Dritte Reich aus der drohenden Isolierung befreit hat, gab der erste große Akt der Appeasement-Politik, nämlich das britisch-deutsche Flottenabkommen vom Juni 1935. London hatte schon früher in den Abrüstungsverhandlungen seinen Willen zur Anpassung und zum Einlenken gezeigt. Anders als Paris neigte es dazu, eine gewisse Revision des Versailler Systems für notwendig zu halten. Diese Neigung hatte auch Deutschlands Bruch mit dem Völkerbund überdauert. Die französische Politik konnte solche Tendenzen um so weniger ignorieren, als England gleichzeitig versuchte, sich aus der kontinentaleuropäischen Problematik zurückzuziehen und die eigene Position abzuschirmen. London war offenbar gewillt, mit der Konsolidierung des NS-Regimes auch dessen fortschreitende Aufrüstung und die offene Verletzung der Versailler Militärbestimmungen hinzunehmen.

Am 16. März 1935 wagte Hitler eine weitere Blitzaktion. Er verkündete die allgemeine Wehrpflicht und gab das Startzeichen für den Ausbau einer Luftwaffe. Das war der erste entscheidende Schlag gegen die Grundpositionen von Versailles. Während Frankreich und Italien sich bemühten, eine entschiedene Gegenpolitik zu koordinieren und dabei auch auf sowjetische Unterstützung rechnen konnten, beantwortete London Hitlers Schlag mit Sonderverhandlungen, die in einen für England scheinbar günstigen Vertrag über Flottenstärken mündeten. Er schuf eine neue Situation. Entgegen den Beschlüssen des Völkerbundes und ohne Unterrichtung der Flottenmächte Frankreich und Italien setzte London an die Stelle von Sanktionen gegen den Vertragsbruch die Sanktionierung der vollzogenen Tatsachen; den einseitigen Akt Hitlers honorierte es mit einer Anerkennung der Vertragsfähigkeit und mit dem Glauben an die Zähmbarkeit des Revisionismus durch Konzessionen, selbst wenn diese an das Grundgefüge des Versailler Systems rührten.

Mehr noch. Dies erste Epochenereignis der Appeasement-Politik, mit dem das Versagen der europäischen Politik gegen Hitler begann, hat zugleich der Skepsis der deutschen Diplomaten gegenüber Hitlers Sonderaktionen den Boden entzogen. Es beschleunigte den Aufstieg des hitlerhörigen Ribbentrop, der sich als Botschafter in die Londoner Verhandlungen eingeschaltet hatte und sie nun als seinen Erfolg verbuchte. Vor allem aber fühlte sich Hitler selbst bestätigt in der Überzeugung, daß nun die Zeit für eine raschere Taktik gekommen sei, deren Erfolge nicht nur der Revisionspolitik, sondern der weiteren propagandistischen Mobilisierung des eigenen Regimes dienen würden. Weit zurück lag die Revisionspolitik Weimarer Prägung. Nun herrschte die Politik der Sondermeldungen und Coups, der Drohungen und Erpressungen. Ihr enger Zusammenhang mit der inneren Herrschaftspolitik der totalitären Diktatur trat immer klarer hervor.

Dem Flottenabkommen, dessen symptomische Bedeutung ungleich größer als sein sachlicher Inhalt war, kann immerhin zugute gehalten werden, daß damit von seiten Londons nicht nur das englische Sicherheitsbedürfnis befriedigt, sondern auch eine rechtzeitige Vertragsbindung des Dritten Reiches erreicht werden sollte. Man erlag dabei ähnlichen Täuschungen wie der Vatikan beim Abschluß des Reichskonkordats.

Aus: Karl Dietrich Bracher, Die deutsche Diktatur, Köln 1969, S. 322 f.

### *c) Revisionismus und Expansion: Der Einmarsch in die Rheinlandzone*

Ohne die Begebenheiten im einzelnen nachzeichnen und etwa die Position der französischen Seite beleuchten zu wollen, die im Besitz von Informationen über den bevorstehenden Einmarsch keinen Entschluß zur Gegenaktion fassen konnte, scheinen einige Merkmale dieser Prozedur, in der sich konservativer Revisionismus der Generäle und Diplomaten mit Hitlers Expansionsplänen trafen, typisch zu sein. Das Moment der Blitzartigkeit, des Überfalls und der Überraschung begegnet uns in diesem Wochenendcoup ebenso wie der Gedanke, im Falle eines Mißlingens des Unternehmens, d. h. bei entschlossenem Widerstand der Westmächte, sich ebenso rasch zurückzuziehen, um den Bestand der jungen Wehrmacht und des eigenen Herrschaftssystems zu retten. So soll es bezeichnenderweise von Neurath gewesen sein, der in einer entscheidenden Stunde des Rheinland-Abenteuers dem nervös den Rückzug erwägenden Hitler geraten haben soll, erst einmal abzuwarten und die Truppen in der entmilitarisierten Zone zu belassen. Der zweite, vielleicht ebenso entscheidende Zug innerhalb des Unternehmens aber war der Testcharakter dieser Aktion. Wie würde sich Großbritannien angesichts eines gewaltsamen Vorgehens der Deutschen zur Revision der ihnen in Versailles gesteckten Grenzen verhalten? Aus der Sicht Hitlers, von Ribbentrops und des Auswärtigen Amtes verhielt sich London durchaus so, wie man es unter den gegenwärtigen Bedingungen als beste Lösung wünschen konnte. Denn das Foreign Office beschränkte sich auf papierene Proteste, an ein Marschieren aber dachte man an der Themse nicht, da die „britischen Interessen" in der Europa- und Weltpolitik kaum tangiert wurden. Damit aber war Frankreichs politische und militärische Handlungsfreiheit eingeschränkt, zu dessen Prinzipien es gehörte, nicht ohne die Unterstützung des einstigen Entente-Partners offensiv zu werden.

Das Nachspiel zum gelungenen Abenteuer ist ebenso charakteristisch für Hitlers im Einklang mit Diplomatie und Militär ablaufende Politik wie die Planung und Verwirklichung des Blitzschlags selbst: Hitlers große „Friedensrede" vom 7. 3. 1936 schlug großzügig Nichtangriffspakte vor, pries multilaterale Übereinkommen und bot eine Räumung des Rheinlandes an, falls Frankreich sich von der gemeinsamen Grenze gleichfalls um eine entsprechende Distanz zurückzöge.

Aus: Klaus Hildebrand, Deutsche Außenpolitik 1933–1945, Kalkül oder Dogma? Stuttgart 1971, S. 47f.

### *d) Hitlers Bekenntnis zur Gewalt: Die Hoßbach-Niederschrift vom 10. 11. 1937*

Niederschrift über die Besprechung in der Reichskanzlei am 5. 11. 37 von 16.15 bis 20.30 Uhr.

*Anwesend:* Der Führer und Reichskanzler,
der Reichkriegsminister Generalfeldmarschall *von Blomberg,*
der Oberbefehlshaber des Heeres Generaloberst Freiherr *von Fritsch,*
der Oberbefehlshaber der Kriegsmarine Generaladmiral *Dr. h. c. Raeder,*
der Oberbefehlshaber der Luftwaffe Generaloberst *Göring,*
der Reichsminister des Auswärtigen Freiherr *von Neurath,*
Oberst *Hoßbach.*

Der Führer stellte einleitend fest, daß der Gegenstand der heutigen Besprechung von derartiger Bedeutung sei, daß dessen Erörterung in anderen Staaten wohl vor das Forum des Regierungskabinetts gehörte, er – der Führer – sähe aber gerade im Hinblick auf die Bedeutung der Materie davon ab, diese in dem großen Kreise des Reichskabinetts zum Gegenstand der Besprechung zu machen. Seine nachfolgenden Ausführungen seien das Ergebnis eingehender Überlegungen und der Erfahrungen seiner 4½jährigen Regierungszeit; er wolle den anwesenden Herren seine grundlegenden Gedanken über die Entwicklungsmöglichkeiten und -notwendigkeiten unserer außenpolitischen Lage auseinandersetzen, wobei er im Interesse einer auf weite Sicht eingestellten deutschen Politik seine Ausführungen als seine testamentarische Hinterlassenschaft für den Fall seines Ablebens anzusehen bitte. Der Führer führte sodann aus:

Das Ziel der deutschen Politik sei die Sicherung und die Erhaltung der Volksmasse und deren Vermehrung. Somit handele es sich um das Problem des Raumes.

Die deutsche Volksmasse verfüge über 85 Millionen Menschen, die nach der Anzahl der Menschen und der Geschlossenheit des Siedlungsraumes in Europa einen in sich so fest geschlossenen Rassekern darstelle, wie er in keinem anderen Land wiederzutreffen sei, wie er andererseits das Anrecht auf größeren Lebensraum mehr als bei anderen Völkern in sich schlösse ... Die deutsche Zukunft sei daher ausschließlich durch die Lösung der Raumnot bedingt, eine solche Lösung könne naturgemäß nur für eine absehbare, etwa 1 bis 3 Generationen umfassende Zeit gesucht werden.
Bevor er sich der Frage der Behebung der Raumnot zuwende, sei die Überlegung anzustellen, ob im Wege der Autarkie oder einer gesteigerten Beteiligung an der Weltwirtschaft eine zukunftsreiche Lösung der deutschen Lage zu erreichen sei.
*Autarkie:* Durchführung nur möglich bei straffer nationalsozialistischer Staatsführung, welche die Voraussetzung sei, als Resultat der Verwirklichungsmöglichkeit sei festzustellen:
A. Auf dem Gebiet der Rohstoffe nur bedingte, nicht aber totale Autarkie ...
B. Auf dem Gebiet der Lebensmittel sei die Frage der Autarkie mit einem glatten „Nein" zu beantworten ...
Eine weitere Steigerung der Produktion unter Anspannung des Bodens, der infolge der Kunstdüngung bereits Ermüdungserscheinungen aufweise, sei kaum noch möglich und daher sicher, daß selbst bei höchster Produktionssteigerung eine Beteiligung am Weltmarkt nicht zu umgehen sei. Der schon bei guten Ernten nicht unerhebliche Ansatz von Devisen zur Sicherstellung der Ernährung durch Einfuhr steigere sich bei Mißernten zu katastrophalem Ausmaß ... Damit sei die Autarkie sowohl auf dem Ernährungsgebiet als auch in der Totalität hinfällig.
*Beteiligung an der Weltwirtschaft:* Ihr seien Grenzen gezogen, die wir nicht zu beheben vermöchten. Einer sicheren Fundierung der deutschen Lage ständen die Konjunkturschwankungen entgegen, die Handelsverträge böten keine Gewähr für die praktische Durchführung. Insbesondere sei grundsätzlich zu bedenken, daß seit dem Weltkriege eine Industrialisierung gerade früherer Ernährungsausfuhrländer stattgefunden habe ... Da unser Außenhandel über die durch England beherrschten Seegebiete führe, sei es mehr eine Frage der Sicherheit des Transportes als eine solche der Devisen, woraus die große Schwäche unserer Ernährungssituation im Kriege erhelle ... Wenn die Sicherheit unserer Ernährungslage im Vordergrund stände, so könne der hierfür notwendige Raum nur in Europa gesucht werden, nicht aber ausgehend von liberalistisch-kapitalistischen Auffassungen in der Ausbeutung von Kolonien. Es handele sich nicht um die Gewinnung von Menschen, sondern von landwirtschaftlich nutzbarem Raum. Auch die Rohstoffgebiete seien zweckmäßiger im unmittelbaren Anschluß an das Reich in Europa und nicht in Übersee zu suchen, wobei die Lösung sich für ein bis zwei Generationen auswirken müsse. Was darüber hinaus in späteren Zeiten notwendig werden sollte, müsse nachfolgenden Geschlechtern überlassen bleiben. Die Entwicklung großer Weltgebilde gehe nun einmal langsam vor sich, das deutsche Volk mit seinem starken Rassekern finde hierfür die günstigsten Voraussetzungen inmitten des europäischen Kontinents. Daß jede Raumerweiterung nur durch Brechen von Widerstand und unter Risiko vor sich gehen könne, habe die Geschichte aller Zeiten – Römisches Weltreich, Englisches Empire – bewiesen. Auch Rückschläge seien unvermeidbar. Weder früher noch heute habe es herrenlosen Raum gegeben, der Angreifer stoße stets auf den Besitzer. Für Deutschland laute die Frage, wo größter Gewinn unter geringstem Einsatz zu erreichen sei.

Die deutsche Politik habe mit den beiden Haßgegnern England und Frankreich zu rechnen, denen ein starker deutscher Koloß inmitten Europas ein Dorn im Auge sei, wobei beide Staaten eine weitere deutsche Erstarkung sowohl in Europa als auch in Übersee ablehnten und sich in dieser Ablehnung auf die Zustimmung aller Parteien stützen könnten . . .
[Es folgen Ausführungen Hitlers über die politische Lage des englischen Empire.]
In summa sei festzustellen, daß trotz aller ideeller Festigkeit das Empire machtpolitisch auf die Dauer nicht mit 45 Millionen Engländern zu halten sei . . .
Die Stellung Frankreichs sei günstiger als die Englands. Das französische Reich sei territorial besser gelagert, die Einwohner seines Kolonialbesitzes stellten einen militärischen Machtzuwachs dar. Aber Frankreich gehe innenpolitischen Schwierigkeiten entgegen . . .
Zur Lösung der deutschen Frage könne es nur den Weg der Gewalt geben, dieser niemals risikolos sein. Die Kämpfe Friedrichs d. Gr. und die Kriege Bismarcks gegen Österreich und Frankreich seien von unerhörtem Risiko gewesen und die Schnelligkeit des preußischen Handelns habe 1870 Österreich vom Eintritt in den Krieg ferngehalten. Stellt man an die Spitze der nachfolgenden Ausführungen den Entschluß zur Anwendung von Gewalt unter Risiko, dann bleibt noch die Beantwortung der Fragen „wann“ und „wie“. Hierbei seien drei Fälle zu entscheiden:
*Fall 1*: Zeitpunkt 1943–1945.
Nach dieser Zeit sei nur noch eine Veränderung zu unseren Ungunsten zu erwarten. Die Aufrüstung der Armee, Kriegsmarine, Luftwaffe sowie die Bildung des Offizierkorps seien annähernd beendet. Die materielle Ausstattung und Bewaffnung seien modern, bei weiterem Zuwarten läge die Gefahr ihrer Veraltung vor . . . Im Verhältnis zu der bis dahin durchgeführten Aufrüstung der Umwelt nähmen wir an relativer Stärke ab . . . Sollte der Führer noch am Leben sein, so sei es sein unabänderlicher Entschluß, spätestens 1943/45 die deutsche Raumfrage zu lösen. Die Notwendigkeit zum Handeln vor 1943/45 käme im Fall 2 und 3 in Betracht.
*Fall 2*: Wenn die sozialen Spannungen in Frankreich sich zu einer derartigen innenpolitischen Krise auswachsen sollten, daß durch letztere die französische Armee absorbiert und für eine Kriegsverwendung gegen Deutschland ausgeschaltet würde, sei der Zeitpunkt zum Handeln gegen die Tschechei gekommen.
*Fall 3:* Wenn Frankreich durch einen Krieg mit einem anderen Staat so gefesselt ist, daß es gegen Deutschland nicht „vorgehen“ kann.
Zur Verbesserung unserer militär-politischen Lage müsse in jedem Fall einer kriegerischen Verwicklung unser erstes Ziel sein, die Tschechei und gleichzeitig Österreich niederzuwerfen, um die Flankenbedrohung eines etwaigen Vorgehens nach Westen auszuschalten . . .
An sich glaube der Führer, daß mit hoher Wahrscheinlichkeit England, voraussichtlich aber auch Frankreich die Tschechei bereits im Stillen abgeschrieben und sich damit abgefunden hätten, daß diese Frage eines Tages durch Deutschland bereinigt würde. Die Schwierigkeiten des Empire und die Aussicht, in einen lang währenden europäischen Krieg erneut verwickelt zu werden, seien bestimmend für eine Nichtbeteiligung Englands an einem Kriege gegen Deutschland. Die englische Haltung werde gewiß nicht ohne Einfluß auf die Frankreichs sein. Ein Vorgehen Frankreichs ohne die englische Unterstützung und in der Voraussicht, daß seine Offensive an unseren Westbefestigungen sich festlaufe, sei wenig wahrscheinlich . . .

Von der Seite Italiens seien gegen die Beseitigung der Tschechei keine Einwendungen zu erwarten ...
Gegen ein siegreiches Deutschland wird Polen – mit Rußland im Rücken – wenig Neigung haben, in den Krieg einzutreten.
Einem militärischen Eingreifen Rußlands müsse durch die Schnelligkeit unserer Operationen begegnet werden; ob ein solches überhaupt in Betracht kommen werde, sei angesichts der Haltung Japans mehr als fraglich.
Trete der Fall 2 – Lahmlegung Frankreichs durch einen Bürgerkrieg – ein, so sei infolge Ausfall des gefährlichsten Gegners die Lage *jederzeit* zum Schlag gegen die Tschechei auszunutzen.
In gewissere Nähe sähe der Führer den Fall 3 gerückt, der sich aus den derzeitigen Spannungen im Mittelmeer entwickeln könne und den er eintretendenfalls zu jedem Zeitpunkt, auch bereits im Jahre 1938, auszunutzen entschlossen sei ...
Wenn Deutschland diesen Krieg zur Erledigung der tschechischen und österreichischen Frage ausnutze, so sei mit Wahrscheinlichkeit anzunehmen, daß England – im Kriege mit Italien liegend – sich nicht zu einem Vorgehen gegen Deutschland entschließen würde. Ohne die englische Unterstützung sei eine kriegerische Handlung Frankreichs gegen Deutschland nicht zu erwarten ...
Feldmarschall von Blomberg und Generaloberst von Fritsch wiesen bei der Beurteilung der Lage wiederholt auf die Notwendigkeit hin, daß England und Frankreich nicht als unsere Gegner auftreten dürften, und stellten fest, daß durch den Krieg gegen Italien das französische Heer nicht in dem Umfange gebunden sei, daß es nicht noch mit Überlegenheit an unserer Westgrenze auf den Plan treten könne ...
Hinsichtlich unserer Offensive nach Südosten machte Feldmarschall von Blomberg nachdrücklich auf die Stärke der tschechischen Befestigungen aufmerksam, deren Ausbau den Charakter einer Maginotlinie angenommen hätte und unseren Angriff aufs Äußerste erschwere ...
Zu den seitens des Feldmarschalls von Blomberg und des Generalobersten von Fritsch hinsichtlich des Verhaltens Englands und Frankreichs angestellten Überlegungen äußerte der Führer in Wiederholung seiner bisherigen Ausführungen, daß er von der Nichtbeteiligung Englands überzeugt sei und daher an eine kriegerische Aktion Frankreichs gegen Deutschland nicht glaube ...

Für die Richtigkeit: gez. *Hoßbach*
Oberst d. G.

Zit. nach Schönbrunn, a.a.O., S. 367ff.

### *e) Die Hoßbach-Niederschrift und Hitlers England-Politik*

Was hatte Hitler am Ausgang des Jahres 1937 den Oberbefehlshabern der Wehrmachtteile von Fritsch, Raeder und Göring, dem Reichskriegsminister von Blomberg und seinem Reichsaußenminister von Neurath mitzuteilen? In welchen Punkten hatte sich seine am „Programm" nach wie vor orientierte Gedankenbildung verändert? Im wesentlichen scheinen es folgende Probleme gewesen zu sein, die Hitler angesichts der abweisenden Haltung der englischen Regierung einerseits und ihrer im Zeichen der deutschen militärischen Stärke nach wie vor gewahrten Neutralität andererseits neu überdacht hatte, um den für die kommenden Jahre entscheidenden politischen und militärischen Kurs festzulegen: In erster Linie verdient, wie gesagt, die veränderte Haltung gegenüber Großbritannien besondere Aufmerksamkeit. Bekanntlich war ja gerade England jener Faktor in Hitlers Politik, von dessen Ja oder Nein zu den Absichten des „Führers" die gesamte programmatische Politik des Diktators abzuhängen schien. Am 5. 11. 1937 war nun nicht länger die Rede davon, England weiter entgegenkommen und umwerben bzw. erpressen und ins Bündnis zwingen zu wollen. Die Taktik des „Tauschgeschäfts" und der Sanktionsdrohungen trat in den Hintergrund. Hitler ging den Briten gegenüber auf einen „ambivalenten" Kurs, der einen zunehmend stärker antibritischen Akzent erhielt. Einerseits erteilte er London keine endgültige Absage, sondern blieb, wie seine Politik bis weit in den Krieg hinein zeigte, immer wieder gegenüber der ursprünglich propagierten Bündnisidee „offen". Andererseits aber erkannte der von realpolitischem Kalkül geleitete Stratege in Hitler neben diesem immer noch verfolgten „doktrinären" Lieblingsgedanken nunmehr nach den mannigfachen Erfahrungen mit Englands Staatsmännern, daß Großbritannien durchaus als Gegner angesehen werden müsse, den es allerdings nicht in erster Linie zu besiegen gelte, sondern der durch Demonstration militärischer Macht und politischer Entschlossenheit ganz gewiß in einer dem Reich genehmen Neutralität verharren werde. Dieser Zustand der europäischen Politik würde es dem Reich erlauben, gegen den Willen der Briten und diese politisch und militärisch in Schach haltend, auf dem Kontinent in programmorientierter Manier offensiv zu werden. Die Stoßrichtung der deutschen Politik aber sollte, wie seit 1925 bekannt, im Osten des Kontinents liegen. Als äußersten Zeitpunkt, bis zu dem diese Ziele in Angriff zu nehmen seien, nannte Hitler in diesem Zusammenhang die Jahre 1943/45 – keine vagen Daten, sondern, wie noch gezeigt werden wird, eine relativ genaue Zeitangabe über die Absichten der Außenpolitik des Dritten Reiches, die kontinentale Etappe innerhalb des Stufen-Plans zur Erringung einer Weltmachtstellung zu verwirklichen.

Interessant erscheint dabei, daß Hitler – anders als die jede außenpolitische Forderung des Reiches auf dem Kontinent begleitende Kolonialpropaganda – nicht davon sprach, überseeische Ziele und europäische Objekte als politische Alternative anzusehen, den Blick aber doch schon auf das britische Empire richtete und sich über dessen Stärke bzw. Hinfälligkeit bezeichnend äußerte. Es soll an dieser Stelle noch keineswegs behauptet werden, Hitler habe mit seiner Feststellung, er halte das englische Empire nicht für unerschütterlich, und Deutschland könne nur zu dem Zeitpunkt überseeische Ziele ins Auge fassen, wenn England schwach und das Reich stark sei, hier bereits eindeutig den Blick auf überseeische Fernziele gelenkt. Gewiß muß man die Situation jener Ansprache vom 5. 11. 1937 in Rechnung stellen. Denn der „Führer" hatte den zuhörenden Offizieren ebenso wie seinem Außenminister die Achtung vor dem als schier unüberwindbar angesehenen Großbritannien mit seinen weltweiten (Nachschub-)Verbindungen zu nehmen. Und dennoch ist nicht zu übersehen und für Hitlers Gedankenbildung eben typisch, daß seinen dem Machtkalkül entspringenden Überlegungen gemäß ein in schwächlicher Neutralität vor einem gerüsteten Deutschland wieder und wieder zurückweichendes, „feiges" Großbritannien irgendwann einmal damit rechnen mußte, in seinem überseeischen Besitz beerbt zu werden. Voraussetzung dafür, um diese Hitler wohl schon in den Jahren vor 1937 bewegenden Fernziele realisieren zu können, war es, bis 1943/45 die Hegemonie über den Kontinent zu erringen und damit die „Lebensraum"-Basis zu verbreitern, so daß ein mächtiges Reich den – auch durch andere außenpolitische Belastungen – geschwächten Briten gegenüberstehen würde.

Die Dynamik der Hitlerschen Expansionspolitik läßt den Blick gleichsam automatisch auf das an dieser Stelle schon als nicht unerschütterlich charakterisierte Empire fallen. Die – aus Hitlers Blickwinkel gesehen – „einzige Chance" für Großbritanniens Staatsmänner, die der „Führer" bislang scheinbar großzügig, bis 1939 dann zunehmend spärlicher, 1940/41 dann wieder bei jeder Gelegenheit anbot, lag darin, doch noch ins Bündnis einzulenken, um den drohenden Schritt der Deutschen in die überseeischen Territorien und in den ozeanischen Bereich – zumindest für einen längeren Zeitabschnitt – abzuwenden. Ende 1937 aber, in seiner neuen, als testamentarisch bezeichneten Weisung betrachtete Hitler Großbritannien in erster Linie als einen Gegner seiner geplanten Expansionspolitik, vertraute angesichts seiner Erfahrungen auf die aus politischer und militärischer Schwäche resultierende Neutralität der Briten und spekulierte unter diesem Aspekt sogar schon auf weitergehende, über Europa hinausgreifende, dem Machtkalkül seines Stufen-Plans entspringende Fernziele. Die Jahre 1943/45 aber faßte Hitler als den äußersten Termin für seine europäischen Unternehmungen ins Auge. Dem Stufen-Plan und seiner Prioritätsordnung entsprechend, mußten also danach – ungefähr in der zweiten Hälfte der vierziger Jahre – jene Ziele folgen, die – falls die Engländer nicht vorher Hitlers „Programm" akzeptierten – wohl gegen Großbritannien und mit Sicherheit gegen die USA erreicht werden sollten . . . Festzuhalten aber ist, daß Hitler sich von seinem „Programm" weder durch die innen- und wirtschaftspolitische Opposition der „liberalen Imperialisten" um Schacht noch von der ja weit entscheidenderen außenpolitischen Weigerung Englands gegenüber seinem Angebot der „Komplicenschaft" abbringen ließ. So ist 1937 deutlich zu erkennen, daß der „Führer" im Zuge des ambivalenten, ja vorherrschend antibritischen Kurses immer stärker und bewußt jene Politik des Hazard bevorzugte, die Deutschlands Staatsmänner in beinahe fatalistischer Stimmung in den Jahren vor Ausbruch des Ersten Weltkrieges entscheidend mitbestimmte und zu der Formel gerann, entweder zur Weltmacht durchzubrechen oder vor dem Niedergang zu stehen. Eben diese politische Bahn hatte auch Hitler betreten, ohne sich allerdings in wilhelminischem Fatalismus dem sog. Schicksal zu ergeben. Denn immer wieder versuchte er, sein ursprüngliches Konzept, Englands Freundschaft zu gewinnen, doch noch einzuholen – zumindest aber zu erreichen, daß Großbritannien durch Drohungen eingeschüchtert, angesichts der Stärke der deutschen Wehrmacht neutral den kontinentalen Abenteuern des Reiches zuschauen werde.

Aus: Klaus Hildebrand, a.a.O., S. 55ff.

### 4. Zu den Motiven der Appeasement-Politik Neville Chamberlains

Die Unsicherheit über die letzten Wesenszüge eines Mannes, der sich von Jahr zu Jahr ausschließlicher als Herr des deutschen Schicksals erwies, ist mit wenigen Ausnahmen bis zu der Besetzung Prags im Jahre 1939 bestehen geblieben. Lloyd George war bereit, Hitler als Mann des Geschicks anzuerkennen, und fand keinen Widerspruch gegen seinen Anspruch, daß Deutschland den Ersten Weltkrieg gewonnen haben würde, wenn es nur 1918 durchgehalten hätte. Selbst ein Winston Churchill glaubte noch im Januar 1938, an Hitler mit der Beschwörung durch seine eigene Leistung appellieren zu sollen: „Es wäre in der Tat ein verhängnisvoller Schritt, wenn er all das, was er für das deutsche Volk getan hat, zunichte machte, indem er es in einen Krieg führte, der beinahe sicher zu einem Weltkrieg werden müßte."

So erscheint es wenigstens einigermaßen verständlich, daß Neville Chamberlain in Berchtesgaden zwar nicht bestritt, daß Hitler abnormal, unberechenbar und von üblen Ratgebern umgeben sei, aber sich damit ermutigte, sein Eindruck von diesem ehemaligen „Hausanstreicher" sei „eher unangenehm, besonders in der Ruhe und im ganzen sähe er gänzlich ohne Auszeichnung" aus. Dann meinte er aber doch, Hitler sei ein Mann, auf den man sich verlassen könne, „wenn er sein Wort gegeben habe". Es ist ein handgreifliches Fehlurteil – gerade das, was Hitler erreichen wollte –, zu dessen Verständnis man aber an den resignierten Ausbruch des immerhin kritischeren und weniger zur selbstsuggerierten Dauertäuschung neigenden Halifax denken sollte: er suche sich stets der Notwendigkeit zu erinnern, nicht in der Psychologie dieses seltsamen Mannes fehlzugreifen; aber, alles gesagt und getan, taste man die ganze Zeit wie ein Blinder, der seinen Weg über einen Sumpf zu finden versuche, während ihm alle Welt von den Ufern verschiedene Informationen zurufe, wo sich der nächste Gefahrenpunkt befinde. Daladier mochte gelegentlich warnen, daß Mystizismus Geschicklichkeit nicht ausschließe, aber das konnte einen Neville Henderson weder hindern, mit seinen deutschen Freunden in Hitler immer wieder einen Schutzwall gegen die Extremisten der Nationalsozialistischen Partei zu erhoffen, noch helfen, wenn er dann wieder verzweifelnd zugestand, daß der Kanzler niemals und auf niemands Rat höre. Deutschland sei auf Gnade und Ungnade einem pathologischen Individuum ausgeliefert. Daß er in Nürnberg auf der Höhe der Sudetenkrise feststellen mußte, die Form von Hitlers Genialität (Genius) liege an der Grenzlinie des Wahnsinnes („on the borderline of madness"), hat ihm zu einer endgültigen Klärung dieser bei ihm persönlich auch das Jahr 1939 durchziehenden Unsicherheit über die Grundkategorien im Wesen des gefürchteten deutschen Gegenspielers nicht verhelfen können. Es sollte nicht übersehen werden, daß auch ein so feinsinniger Beobachter wie der Schweizer C. J. Burckhardt noch im August 1939 das Element der „Femininität" in Hitler unterstrichen und gemeint hat, daß seine prahlerischen Rodomontaden[1] auf die Wurzel der Furcht zurückgeführt werden sollten, wenn man die Schwierigkeit der Deutung des Phänomens im ganzen Umfang ermessen will.

Diese von der Position des rückblickenden Historikers so ganz verschiedene Unsicherheit des Urteils über den Führer des Nationalsozialismus ist eine erste wesentliche Grundlage für die lange Kette von den heute greifbar widerlegten Fehlurteilen gewesen, mit denen die verschiedenen Kreise und Schichten der „Appeaser" seine verwirrende Laufbahn begleitet haben. Sie beginnen mit englischen und französischen Presseurteilen, die 1933 versicherten, Hitler wisse, daß man die Folgen eines verlorenen Krieges tragen müsse, oder annahmen, daß es nach dem Plebiszit an der Saar keine Frage mehr zwischen Deutschland und Frankreich geben werde.

Die englische öffentliche Meinung begrüßte auch 1935 Hitlers Rede über die Einführung der allgemeinen Wehrpflicht „als großen Beitrag zur Sicherung des Friedens", während die Labour Party durch Herbert Morrison die schüchterne Mahnung Baldwins zur Vorsicht mit der Erklärung beantwortete, daß der Premierminister die Gelegenheit zu einer großen und erhabenen Geste versäume. Die Reaktion dieser Öffentlichkeit auf das Wagnis der Rheinlandbesetzung 1936 ging dahin, daß der Deutsche damit ja doch nur in den Hintergarten des eigenen Hauses zurückkehre, während die Times erklärte, daß eine klare Verständigung mit Deutschland nicht nur alle Problematik der Welt lösen, sondern auch eine starke Grundlage darstellen würde, „auf der man aufbauen könne". So konnte Neville Chamberlain 1937

[1] (= Aufschneidereien)

wieder das völlig vage Ergebnis des Halifax-Besuches in Berchtesgaden – im Zeitpunkt der Hoßbach-Rede – als „großen Erfolg" ansehen, nämlich daß Hitler ernsthaft bereit sein werde, seine Politik an die englische Vorbedingung von „reasonable agreements, reasonably reached" zu binden. Chamberlain meinte, daß Hitlers und Görings Beteuerungen ihrer Abneigung gegen Krieg ehrlich seien: „I think we may take this as correct at any rate for the present".

Nach der auf dem Fuße folgenden Überraschung des erzwungenen österreichischen Anschlusses war es dann zu spät für die außerdem nur vorübergehende Erkenntnis, daß Gewalt das einzige Argument sei, das dieses Deutschland verstehe. Denn diese Einsicht war nicht nur mit dem Wissen von der Ohnmacht Englands und Frankreichs verkettet, sondern auch schon wieder mit der Illusion, die Lage Europas werde sich beruhigen, wenn es gelinge, einen weiteren Gewaltstreich in der Tschechoslowakei zu vermeiden; eines Tages könnten dann die „Friedensgespräche" mit den Deutschen wieder aufgenommen werden. Es ist das die unerschütterlich bleibende, persönliche Einstellung des Premierministers gewesen, der erst im Zeitpunkt der grausamen Zerstörung seiner Hoffnungen durch den Prager Staatsstreich im März 1939 vor der Abwendung der öffentlichen Meinung wie seiner Mitarbeiter im eigenen Lande kapitulieren und sich zu der Warnung seiner Birmingham-Rede vom 17. März bereit finden mußte, nachdem er selbst schon gegenüber den Herausforderungen Hitlers im vorhergehenden Winter geklagt hatte: es brauche zwei, um ein Übereinkommen zu erreichen. Aber auch jetzt weigerte er sich doch noch, nach wie vor, endgültig zu resignieren: „As always, I want to gain time, for I never accept the view that war is inevitable". Chamberlain hat noch im Juni des Jahres 1939 bei aller Erschütterung durch die Zuspitzung der deutsch-polnischen Krise über Danzig, die ihn nun endlich selbst an der Möglichkeit zweifeln ließ, den Krieg zu vermeiden, in sehr bezeichnender Weise niedergeschrieben: „Wenn die Diktatoren nur ein bescheidenes Maß von Geduld besitzen würden, könne er sich vorstellen, daß ein Weg gefunden werden könne, den deutschen Ansprüchen gerecht zu werden und zugleich Polens Unabhängigkeit und wirtschaftliche Sicherheit zu retten." Es ist jenes selbe Traumbild, das seine Politik und die Hoffnungen der englischen Nation im Vorjahre auf den Weg von der Vermittlung der Runciman-Mission zu der praktischen Preisgabe der Tschechoslowakei als unabhängiger Staat in München und von München zu der Prager Katastrophe geführt hatte.

Aus: Hans Herzfeld, Zur Problematik der Appeasement-Politik, in: Aus Politik und Zeitgeschichte, Beilage zur Wochenzeitung „Das Parlament", B 16/63, S. 6ff.

## 5. Die propagandistische Auslösung der Sudetenkrise

Hitler stand, wie wir wissen, der nächste Schritt schon klar vor Augen: er sollte sich gegen die Tschechoslowakei richten. Das war um so weniger ein Geheimnis, als der Anschluß Österreichs die Aktivität der sudetendeutschen Nationalsozialisten schlagartig verstärkt hatte. Auch in diesem Fall konnte die Hitlersche Politik die inneren Schwächen der Tschechoslowakei geschickt mit der Parole „völkische Selbstbestimmung" verknüpfen. Der Vielvölkerstaat von 1919 hatte die politischen, sozialen und psychologischen Probleme einer Eingliederung der deutschen Minderheit nicht bewältigt. Die politische Struktur wurde von Nationalitätenparteien bestimmt, dem Regime der tschechischen Mehrheit standen die nationalen Minderheiten gegenüber. Vielleicht hätten größere Autonomie oder eine Schweizer Lösung das Klima verbessern können, aber von vornherein strebten zumal die Deutschen aus dem Staat heraus. Diese Tendenz verstärkte sich seit dem Machtantritt Hitlers; das NS-Programm versprach eine Politik, die zur Eingliederung der Sudetendeutschen in das künftige Reich führen sollte. Ganz analog zu Österreich erfolgte denn auch 1933 die Auflösung der beiden deutschnationalistischen Parteien, darunter auch jener Deutschen Nationalsozialistischen Arbeiterpartei, die als Deutsche Arbeiterpartei noch vor dem Krieg die ersten Anfänge des Nationalsozialismus in Böhmen organisiert hatte. Als Sammlungsbewegung bildete sich nun die Sudetendeutsche Heimatfront unter dem Turner-Führer Konrad Henlein. Seit 1937 trieb Henlein eine offen nationalsozialistische Politik; seine nun als Sudetendeutsche Partei auftretende Revisionsbewegung hatte die Mehrheit der deutschsprachigen Wähler hinter sich. Die tschechischen Befürchtungen waren um so mehr gerechtfertigt, als eine Abtrennung der von Deutschen bewohnten Randgebiete, in denen Grenzbefestigungen lagen, den Staat wehrlos machen mußte.

Der österreichischen Aktion hatte Hitler in üblicher Taktik sofort beruhigende Erklärungen an Prag folgen lassen. Aber gemäß der Ankündigung vom 5. November 1937 ließ er gleichzeitig die militärischen Weisungen ausarbeiten, in denen er (30. Mai) die Verwirklichung seines „unabänderlichen Entschlusses, die Tschechoslowakei in absehbarer Zeit zu zerschlagen", für den 1. Oktober 1938 festlegte. Die sudetendeutsche Frage, die völkisch-nationale Begründung erwiesen sich als bloßer Vorwand für die Annektion. Erstmals wurde der Rahmen der Revisionspolitik gesprengt; es zeichnete sich der imperiale Expansionsanspruch der nationalsozialistischen Politik ab. Nur zwei Wochen nach dem Einmarsch in Wien bezog Hitler die sudetendeutschen Nationalsozialisten in sein Spiel ein. Wieder wie in Österreich griffen innen- und außenpolitische Erpressung, bewußt übersteigerte Maximalforderungen der Sudetendeutschen und militärische Drohung ineinander. Schon Ende März 1938 gab Hitler Henlein die Anweisung, in Prag Ansprüche zu erheben, „die für die tschechische Regierung unannehmbar sind". Der Sinn war deutlich: „Wir müssen also immer so viel fordern, daß wir nicht zufriedengestellt werden können." In Deutschland selbst ließ Hitler zum „Schutz der Sudetendeutschen und (zur) Aufrechterhaltung weiterer Unruhen und Zusammenstöße" (!) Freikorps organisieren, während Ribbentrop gleichzeitig Henlein anwies, „durch den Umfang und die schrittweise Präzisierung der zu stellenden Forderungen den Eintritt in die Regierung zu vermeiden". Das geschah noch im April 1938 im „Karlsbader Programm" der Sudetendeutschen Partei. Die bewußte Steigerung der Spannungen sollte schließlich die deutsche Intervention auslösen. Am 20. Mai mobilisierte Prag, dann Berlin. Dieses Mal stieß die Taktik freilich auf Hindernisse. Der deutsche Generalstabschef Ludwig Beck warnte und trat schließlich zurück. Durch den raschen deutschen Machtzuwachs und den Eindruck der Österreichaktion auf Südosteuropa beunruhigt, kam Italien den englischen Ausgleichsversuchen vorübergehend entgegen. Zwar setzte London den Kurs der Beschwichtigung um fast jeden Preis fort; die Entsendung eines Vermittlers (Lord Runciman) bedeutete verstärkten Druck auf Prag, die sudetendeutschen „Forderungen" anzunehmen. Frankreich schwankte, wie weit es zu seinen Allianzverpflichtungen stehen könne.

Der Ausbruch des Krieges schien unvermeidlich, als Hitler vor dem (letzten) Nürnberger Parteitag in einer entfesselten Rede den Sudetendeutschen die militärische Hilfe Deutschlands ankündigte (12. September). Henlein operierte nun offen mit der Parole „Heim ins

Reich". Aber noch waren die Geduld Chamberlains und seine Hoffnung, wenn nicht als Bändiger Hitlers so doch als Retter des Friedens zu handeln, nicht erschöpft. Er bot Hitler seinen sofortigen Besuch an und bewies damit den Ernst seiner Bemühungen, in deutscher Sicht allerdings auch seinen Respekt vor Hitlers Machtpolitik. Als der britische Premier den „Führer" ohne Rücksicht auf Prestigefragen auf dem Obersalzberg aufsuchte (15. September) und ihm seine Unterstützung bei der Eingliederung der Sudetengebiete zusagte, schloß sich auch Paris an, und nach vergeblichen Protesten gab Prag dem doppelten Druck nach. Bei dieser Steigerung der Appeasement-Politik haben sowohl der englische wie auch der französische Botschafter in Berlin (Henderson und François-Poncet), beide konservativ-antikommunistisch orientiert, eine fragwürdige Rolle gespielt. Aber nun stieß Chamberlain auf neue Forderungen Hitlers; dieser verlangte auf der folgenden Godesberger Konferenz (22.–24. September) vom britischen Premier die Zustimmung zum sofortigen Einmarsch deutscher Truppen. In einer wütenden Brandrede im Berliner Sportpalast verschärfte Hitler am 26. September die Kriegsdrohungen mit einem auf zwei Tage befristeten Ultimatum, und nun mobilisierten auch Frankreich und England. In dieser Lage war es Mussolini, der mit Rücksicht auf die unzureichenden Kriegsvorbereitungen Italiens Hitler dazu brachte, in letzter Stunde Chamberlains Vorschlag einer Viermächtekonferenz anzunehmen. Der britische Regierungschef war erneut bereit, die Reise zu Hitler zu unternehmen, dieses Mal in die „Hauptstadt der Bewegung"; Frankreichs Premierminister Daladier schloß sich an.

Aus: Karl Dietrich Bracher, a.a.O., S.338ff.

## 6. Die Karlsbader Forderungen vom 24. 4. 1938

Während man sich in britischen Kreisen Gedanken über die Lösung der Minderheitenfrage in der ČSR machte, begann die Führung der Sudetendeutschen Partei eine politische Offensive gegen die bisherige Haltung der Prager Regierung. Am 24. April 1938 stellte Konrad Henlein auf einem Parteitag der SdP in Karlsbad folgende Forderungen auf:

„Volle Gleichberechtigung und Unabhängigkeit der sudetendeutschen Volksgruppe;
Feststellung und Anerkennung des deutschen Siedlungsgebietes;
Aufbau einer deutschen Selbstverwaltung im deutschen Siedlungsgebiet in allen Bereichen des öffentlichen Lebens, soweit es sich um Interessen und Angelegenheiten der deutschen Volksgruppe handelt;
Schaffung gesetzlicher Schutzbestimmungen für jene Staatsangehörigen, die außerhalb des geschlossenen Siedlungsgebietes ihres Volkstums leben;
Beseitigung des dem Sudetendeutschtum seit 1918 zugefügten Unrechts und Wiedergutmachung der ihm durch dieses Unrecht entstandenen Schäden;
Anerkennung und Durchführung des Grundsatzes: Im deutschen Gebiet deutsche öffentliche Angestellte."

Henleins Programm stellte in einigen Punkten einen Rückgriff auf die Versprechungen dar, welche die tschechoslowakische Regierung in ihrer Note vom 20. Mai 1919 an die Pariser Friedenskonferenz gemacht hatte, aber dann in der Praxis zu verwirklichen vergaß, lief jedoch im großen und ganzen auf die Schaffung eines Dreimächtestaates der Tschechen, Deutschen und Slowaken hinaus. Die Prager Regierung lehnte daher diese Forderungen als unerfüllbar ab. Erst als sich durch den Rücktritt Léon Blums und durch Hitlers Kriegsvorbereitungen an der deutsch-tschechischen Grenze die Lage der ČSR wieder bedrohlich ver-

schlechterte, ließ sie sich auf Verhandlungen über die Karlsbader Forderungen Henleins ein. Am 28. und 29. April 1938 trafen sich der neue französische Ministerpräsident Edouard Daladier und sein Außenminister Georges Bonnet mit ihren britischen Kollegen in London, um eine gemeinsame Haltung in der tschechoslowakischen Frage zu erarbeiten. Sie einigten sich darauf, gemeinsam in Prag vorstellig zu werden und die tschechoslowakische Regierung zu einer Verständigung mit den Sudetendeutschen aufzufordern. Damit hatte sich die Richtung Neville Chamberlains durchgesetzt. Für ihn galt der traditionelle Grundsatz der englischen Außenpolitik, ohne zwingenden Anlaß keinerlei bindende Verpflichtungen gegenüber den Staaten einzugehen, welche jenseits des Rheins lagen. Der britische Premier glaubte mit dieser „nocommittment-and-appeasement-policy" einen Weg gefunden zu haben, mit welchem ein kriegerischer Konflikt vermieden werden könnte.
Trotz wiederholter britischer Demarchen in Prag, auf dem Verhandlungswege eine Regelung des sudetendeutschen Problems anzustreben, blieb Staatspräsident Benesch, der praktisch die tschechische Innen- und Außenpolitik bestimmte, bei seiner ablehnenden Haltung gegenüber den Autonomieforderungen der Sudetendeutschen Partei. Er hielt eine vorbehaltlose Erfüllung der Selbstverwaltungswünsche für gefährlich, da nach seiner Meinung die völlige Unabhängigkeit der Sudetendeutschen das gesamte tschechoslowakische Staatswesen auseinandersprengen würde.

Aus: Alfred Schickel, Das Münchener Abkommen, in: Aus Politik und Zeitgeschichte, Beilage zur Wochenzeitung „Das Parlament", B 26/71, S. 12

## 7. Das Münchner Abkommen zwischen Deutschland, Großbritannien, Frankreich und Italien vom 29./30. 9. 1938

### *a) Der Vertragstext*

Deutschland, das Vereinigte Königreich, Frankreich und Italien sind unter Berücksichtigung des Abkommens, das hinsichtlich der Abtretung des sudetendeutschen Gebiets bereits grundsätzlich erzielt wurde, über folgende Bedingungen und Modalitäten dieser Abtretung und über die danach zu ergreifenden Maßnahmen übereingekommen und erklären sich durch dieses Abkommen einzeln verantwortlich für die zur Sicherung seiner Erfüllung notwendigen Schritte.

1. Die Räumung beginnt am 1. Oktober.
2. Das Vereinigte Königreich, Frankreich und Italien vereinbaren, daß die Räumung des Gebiets bis zum 10. Oktober vollzogen wird, und zwar ohne Zerstörung irgendwelcher bestehender Einrichtungen, und daß die Tschechoslowakische Regierung die Verantwortung dafür trägt, daß die Räumung ohne Beschädigung der bezeichneten Einrichtungen durchgeführt wird.
3. Die Modalitäten der Räumung werden im einzelnen durch einen internationalen Ausschuß festgelegt, der sich aus Vertretern Deutschlands, des Vereinigten Königreichs, Frankreichs, Italiens und der Tschechoslowakei zusammensetzt.
4. Die etappenweise Besetzung des vorwiegend deutschen Gebiets durch deutsche Truppen beginnt am 1. Oktober. Die vier auf der anliegenden Karte bezeichneten Gebietsabschnitte werden in folgender Reihenfolge durch deutsche Truppen besetzt:
Der mit I bezeichnete Gebietsabschnitt am 1. und 2. Oktober,

der mit II bezeichnete Gebietsabschnitt am 2. und 3. Oktober,
der mit III bezeichnete Gebietsabschnitt am 3., 4. und 5. Oktober,
der mit IV bezeichnete Gebietsabschnitt am 6. und 7. Oktober.
Das restliche Gebiet vorwiegend deutschen Charakters wird unverzüglich von dem obenerwähnten internationalen Ausschuß festgestellt und bis zum 10. Oktober durch deutsche Truppen besetzt werden.

5. Der im Paragraph 3 erwähnte internationale Ausschuß wird die Gebiete bestimmen, in denen eine Volksabstimmung stattfinden soll. Diese Gebiete werden bis zum Abschluß der Volksabstimmung durch internationale Formationen besetzt werden. Der gleiche Ausschuß wird die Modalitäten festlegen, unter denen die Volksabstimmung durchgeführt werden soll, wobei die Modalitäten der Saar-Abstimmung als Grundlage zu betrachten sind. Der Ausschuß wird ebenfalls den Tag festsetzen, an dem die Volksabstimmung stattfindet; dieser Tag darf jedoch nicht später als Ende November liegen.

6. Die endgültige Festlegung der Grenzen wird durch den internationalen Ausschuß vorgenommen werden. Dieser Ausschuß ist berechtigt, den vier Mächten Deutschland, dem Vereinigten Königreich, Frankreich und Italien in bestimmten Ausnahmefällen geringfügige Abweichungen von der streng ethnographischen Bestimmung der ohne Volksabstimmung zu übertragenden Zonen zu empfehlen.

7. Es wird ein Optionsrecht für den Übertritt in die abgetretenen Gebiete und für den Austritt aus ihnen vorgesehen. Die Option muß innerhalb von 6 Monaten vom Zeitpunkt des Abschlusses dieses Abkommens an ausgeübt werden. Ein deutsch-tschechoslowakischer Ausschuß wird die Einzelheiten der Option bestimmen, Verfahren zur Erleichterung des Austausches der Bevölkerung erwägen und grundsätzliche Fragen klären, die sich aus diesem Austausch ergeben.

8. Die Tschechoslowakische Regierung wird innerhalb einer Frist von 4 Wochen vom Tage des Abschlusses dieses Abkommens an alle Sudetendeutschen aus ihren militärischen und politischen Verbänden entlassen, die diese Entlassung wünschen. Innerhalb derselben Frist wird die Tschechoslowakische Regierung sudetendeutsche Gefangene entlassen, die wegen politischer Delikte Freiheitsstrafen verbüßen.

Zit. nach Jacobsen-Jochmann, Ausgewählte Dokumente zur Geschichte des Nationalsozialismus, Bielefeld 1966, A, S. 1 f.

### *b) Zur völkerrechtlichen Beurteilung des Münchener Abkommens*

#### *1) Zur Frage nach der Gültigkeit des Münchner Abkommens*

Die Regierung der ČSSR begründet ihre Forderung nach Annullierung des Münchener Abkommens von Anfang an im wesentlichen mit folgenden drei Argumenten:

1. Der Vertrag über die Abtretung der Sudetengebiete an das Deutsche Reich sei niemals gültig gewesen, weil man ihn der Tschechoslowakei unter Kriegsdrohungen des Dritten Reiches aufgezwungen habe.

2. Die tschechoslowakische Verfassung von 1920 habe die Gültigkeit von Veränderungen des Staatsgebietes von der Zustimmung des Parlaments abhängig gemacht. Die Regierung in Prag habe das Münchener Abkommen zwar am 30. September 1938 unter ohnmächtigem Protest angenommen, aber die von der Verfassung vorgeschriebene Ratifizierung sei nie erfolgt.

3. Die Unterschriften unter das Münchener Abkommen seien unter Verletzung des Völker-

rechts zustande gekommen, da Großbritannien und Frankreich durch Artikel 10 des Völkerbundsstatuts verpflichtet waren, „die Unversehrtheit des Gebietes und die bestehende politische Unabhängigkeit aller Bundesmitglieder zu achten und gegen jeden äußeren Angriff zu wahren". Die Unversehrtheit und politische Unabhängigkeit des Völkerbundsmitglieds Tschechoslowakei sei jedoch mit dem Münchener Abkommen verletzt worden.
Dagegen wird ins Feld geführt, daß in der Geschichte bisher viele Verträge geschlossen wurden, die unter Druck oder gar Kriegsandrohung zustande gekommen seien, jedoch nichtsdestoweniger als gültig anerkannt würden. Als Beispiele werden die Verträge von Brest-Litowsk vom 3. März 1918 oder der Friedensvertrag von Versailles vom 28. Juni 1919 angeführt, die beide unter Kriegsdrohung unterschrieben wurden, aber nach allgemeiner Ansicht volle völkerrechtliche Gültigkeit erlangt haben. Außerdem sei zu berücksichtigen, daß die tschechoslowakische Regierung am 21. September 1938, ohne unter militärischem Druck oder gar Gewaltandrohung seitens der Westmächte gestanden zu sein, selbst der Abtretung der Sudetengebiete ans Deutsche Reich zugestimmt habe. Der Einwand, daß Großbritannien und Frankreich bei Abschluß des Münchener Abkommens unter militärischem Druck Deutschlands gehandelt hätten, folglich der Vertrag unter rechtswidrigem Zwang geschlossen worden sei, müsse ebenfalls zurückgewiesen werden, da die militärische Stärke der Westmächte seinerzeit größer gewesen sei als die Deutschlands.
Dem Hinweis auf die fehlende Ratifizierung als Nichtigkeitsgrund wird entgegengehalten, daß Staatspräsident Dr. Eduard Benesch selbst den Unterhändlern erklärt habe, er sei zum Vertragsabschluß befugt. Es sei im internationalen Völkerrecht keineswegs üblich, daß der eine Vertragspartner die verfassungsrechtlichen Probleme des anderen Partners vor einem Vertragsabschluß zu untersuchen habe. Auch sei keine Anfechtungsklage oder -erklärung seitens der Tschechoslowakei erfolgt, vielmehr seien die Bestimmungen des Vertrages von tschechischer Seite erfüllt worden. Dafür sprächen auch eindeutig die Abkommen, die sich beispielsweise mit der Grenzziehung nach dem Münchener Abkommen beschäftigten. Der am 20. November 1938 abgeschlossene deutsch-tschechische Optionsvertrag sei vom tschechischen Parlament angenommen worden, wobei nochmals ausdrücklich auch das Münchener Abkommen anerkannt worden sei.
Dem dritten angeführten Nichtigkeitsgrund – Verletzung des Artikels 10 der Völkerbundsatzung – wird gegenübergestellt, daß diese Annahme angesichts des seit 1935 wirksamen Austritts Deutschlands aus dem Völkerbund keineswegs die Nichtigkeit des Münchener Abkommens bedinge, da die in Artikel 20 der Völkerbundssatzung angeordnete Ungültigkeit der gegen das Völkerbundsstatut verstoßenden Verträge „nicht einen mit einem Nichtmitglied geschlossenen Vertrag treffen konnte". Aus diesen Einwänden sei jedoch nicht der Schluß zu ziehen, daß das Münchener Abkommen auch heute noch gültig sei. Da es bis auf die Abgabe der im Zusatzabkommen vorgesehenen Garantie erfüllt, in der Zwischenzeit aber von allen beteiligten Mächten als erledigt und ungültig erklärt worden sei, könnten aus ihm keinerlei Ansprüche an die ČSSR gefolgert werden.

*2) Zur Frage nach den Folgen einer Ungültigkeit „ex tunc"*

Die tschechoslowakische Forderung einer Ungültigerklärung von Anfang an „mit allen sich daraus ergebenden Folgen" entzündete eine weitere Kontroverse. Es geht dabei besonders um folgende Probleme:

1. die Staatsangehörigkeit der Sudetendeutschen, (im Inland und Ausland),

2. die Einbeziehung der Sudetendeutschen in die Dienste des Deutschen Reiches (Wehrdienst, sonstiger öffentlicher und Staatsdienst) und ihre rechtliche Würdigung,
3. die Gültigkeit der Hoheitsakte der deutschen Behörden im Sudetenland zwischen dem 1. Oktober 1938 bis zum Kriegsende (z. B. Gültigkeit von Gerichtsurteilen, Eheschließungen usw.),
4. die gegenseitigen finanziellen Forderungen,
5. die Gültigkeit privatrechtlicher Vereinbarungen zwischen dem 1. Oktober 1938 und dem 9. Mai 1945.

Während die einen darauf hinweisen, daß Staatspräsident Benesch in einem Dekret vom 2. August 1945 die Verleihung der deutschen Staatsbürgerschaft an die Sudetendeutschen durch das Gesetz vom 21. November 1938 ausdrücklich anerkannt und damit die Frage nach der Staatsangehörigkeit bereits geregelt habe, machen die anderen darauf aufmerksam, daß laut Staatsangehörigkeitsregelungsgesetz vom 22. Februar 1955 die deutsche Staatsbürgerschaft der Sudetendeutschen ausschließlich auf dem Reichsgesetz vom November 1938 beruhte. Umstritten ist auch die Frage, ob der seit 1938 geleistete Dienst der Sudetendeutschen in der deutschen Wehrmacht von den tschechoslowakischen Gerichten als Landesverrat verfolgt werden könnte, wenn das Münchener Abkommen von Anfang an ungültig gewesen wäre. In diesem Falle wären auch alle anderen Staatsbediensteten wie etwa die Post- und Eisenbahnbeamten nichts anderes als Kollaborateure der deutschen Besatzungmacht gewesen und könnten dafür zur Rechenschaft gezogen werden. Schließlich müßte noch geklärt werden, ob auch die Ungültigkeit aller zwischen dem 1. Oktober 1938 und dem Kriegsende im Sudetenland geschlossenen Ehen, straf- und privatrechtlicher Gerichtsentscheidungen und welche unabsehbaren Schadensersatzforderungen des tschechoslowakischen Staates und von einzelnen seiner Bürger gegen die Bundesrepublik und deutsche Staatsangehörige zu allen aus der Ungültigkeit des Münchener Abkommens sich ergebenden Folgen gehören würden.

So reicht das Münchener Abkommen, dessen Vorgeschichte bereits im Jahre 1918 begann, mit seiner geschichtlichen Last und juristischen Problematik bis in die Gegenwart hinein.

Es wird eine der schwierigsten, aber zugleich auch dringlichsten Aufgaben deutscher Politik sein, einen Weg zu finden, auf dem sich Tschechen und Deutsche nach Jahrzehnten der Entzweiung wieder als gute Nachbarn begegnen können. Und dazu gehört auch eine zufriedenstellende Bereinigung aller mit dem Münchener Abkommen zusammenhängenden Fragen.

Aus: Alfred Schickel, a. a. O., S. 28 ff.

### 8. Chamberlains Rede in Birmingham vom 17. 3. 1939

Der gestern in Prag erlassenen Proklamation zufolge sind Böhmen und Mähren dem Deutschen Reich angeschlossen worden. Nichtdeutsche Einwohner, zu denen natürlich die Tschechen gehören, werden dem deutschen Protektor im Deutschen Protektorat unterstellt. Sie haben sich den politischen, militärischen und wirtschaftlichen Bedürfnissen des Reiches zu unterwerfen. Sie werden Staaten mit Selbstverwaltung genannt, aber das Reich übernimmt ihre Außenpolitik, ihre Zölle und Akzisen, ihre Bankreserven und die Ausrüstung der entwaffneten tschechischen Armee. Und vielleicht das Unheimlichste: Wir hören wieder vom Auftauchen der Gestapo, der Geheimen Staatspolizei, und von der gewohnten Geschichte der Massenverhaftungen prominenter Persönlichkeiten mit den Folgen, die uns allen vertraut sind.

Jeder Mann und jede Frau in unserem Land, die sich an das Schicksal der Juden und der politischen Gefangenen in Österreich erinnern, müssen heute mit Kummer und Sorge erfüllt sein. Wer kann hindern, daß sich sein Herz in Sympathie dem stolzen und tapferen Volk zuwendet, das so plötzlich ein Opfer dieser Invasion wurde, dessen Freiheiten beschnitten sind und dessen nationale Unabhängigkeit dahin ist? Was ist aus der Erklärung „keine territorialen Ansprüche mehr" geworden? Was ist aus der Versicherung „Wir wollen keine Tschechen im Reich" geworden? Wieviel Rücksicht hat man genommen auf den Grundsatz der Selbstbestimmung, worüber Herr Hitler in Berchtesgaden mit mir so heftig diskutierte, als er die Trennung des Sudetengebietes von der Tschechoslowakei und dessen Einverleibung in das Reich forderte? . . .

Deutschland hat der Welt unter seinem jetzigen Regime eine Serie von unangenehmen Überraschungen bereitet. Das Rheinland, der Anschluß Österreichs, die Lostrennung des Sudetengebietes – alle diese Dinge erregten und empörten die öffentliche Meinung der ganzen Welt. Jedoch, soviel wir auch einwenden mögen gegen die Methoden, die in jedem einzelnen dieser Fälle angewandt wurden, etwas ließ sich doch sagen – entweder wegen der rassenmäßigen Zugehörigkeit oder wegen allzulang mißachteter gerechter Ansprüche – etwas ließ sich doch sagen zugunsten der Notwendigkeit einer Änderung der vorhandenen Lage.

Aber die Dinge, die sich diese Woche unter völliger Mißachtung der von der deutschen Regierung selbst aufgestellten Grundsätze ereignet haben, scheinen zu einer andern Kategorie zu gehören, und sie müssen uns allen die Frage nahelegen: „Ist dies das Ende eines alten Abenteuers oder ist es der Anfang eines neuen?" „Ist dies der letzte Angriff auf einen kleinen Staat, oder sollen ihm noch weitere folgen? Ist dies sogar ein Schritt in der Richtung auf den Versuch, die Welt durch Gewalt zu beherrschen?"

Das sind schwere und ernste Fragen . . .

Ich glaube nicht, daß irgend jemand meine Aufrichtigkeit in Frage stellen wird, wenn ich sage, daß es kaum etwas gibt, was ich nicht für den Frieden zu opfern bereit wäre; aber etwas gibt es, was ich davon ausnehmen muß, und das ist die Freiheit, die wir seit hunderten von Jahren genießen und die wir niemals preisgeben werden. Daß unter allen Menschen gerade ich mich aufgerufen fühle, dies zu erklären, das mag zeigen, in welchem Maße durch diese Ereignisse das Vertrauen zerstört wurde, das eben ganz leise das Haupt zu erheben begann und das, hätte es wachsen dürfen, vielleicht dieses Jahr denkwürdig gemacht hätte durch die Rückkehr ganz Europas zur Gesundheit und zur Stabilität. Es sind erst sechs Wochen her, daß ich in dieser Stadt sprach und auf Gerüchte und Zweifel anspielte, welche, wie ich sagte, hinweggefegt werden müßten. Ich wies darauf hin, daß jeder Anspruch auf Weltherrschaft durch Gewalt den Widerstand der Demokratien finden müsse, und ich fügte hinzu, ich könne nicht glauben, daß eine solche Herausforderung geplant sei, weil keine Regierung, der die Interessen ihres Volkes am Herzen liegen, eines solchen Anspruches wegen dieses Volk den Schrecken des Weltkrieges aussetzen könne.

Und es scheint in der Tat, mit den Lehren der Geschichte vor aller Augen, unglaublich, daß es eine solche Herausforderung geben könne. Ich fühle mich verpflichtet, zu wiederholen, daß ich zwar nicht bereit bin, unser Land durch neue, nicht spezifizierte und unter nicht voraussehbaren Bedingungen funktionierende Verpflichtungen zu binden, daß aber kein größerer Fehler begangen werden könnte als der, zu glauben, unsere Nation habe, weil sie den Krieg für eine sinnlose und grausame Sache hält, so sehr ihr Mark verloren, daß sie nicht bis zur Erschöpfung ihrer Kraft einer solchen Herausforderung entgegentreten werde, sollte sie jemals erfolgen. Für diese Erklärung habe ich – davon bin ich überzeugt – nicht nur die Unterstützung, die Sympathie und das Vertrauen meiner Mitbürger und Mitbürgerinnen, sondern ich werde auch die Zustimmung des gesamten britischen Weltreiches und aller andern Nationen haben, die zwar den Frieden hoch schätzen, aber die Freiheit noch höher.

Zit. nach Schönbrunn, a.a.O., S.422f.

## 9. Der Nichtangriffsvertrag zwischen Deutschland und der Sowjetunion vom 23. 8. 1939

### *a) Der Vertragstext*

Die Deutsche Reichsregierung und die Regierung der Union der Sozialistischen Sowjetrepubliken, geleitet von dem Wunsche, die Sache des Friedens zwischen Deutschland und der UdSSR zu festigen, und ausgehend von den grundlegenden Bestimmungen des Neutralitätsvertrages, der im April 1926 zwischen Deutschland und der UdSSR geschlossen wurde, sind zu nachstehender Vereinbarung gelangt:

Artikel 1

Die beiden vertragschließenden Teile verpflichten sich, sich jeden Gewaltakts, jeder aggressiven Handlung und jeden Angriffs gegeneinander, und zwar sowohl einzeln als auch gemeinsam mit anderen Mächten, zu enthalten.

Artikel 2

Falls einer der vertragschließenden Teile Gegenstand kriegerischer Handlungen seitens einer dritten Macht werden sollte, wird der andere vertragschließende Teil in keiner Form diese dritte Macht unterstützen.

Artikel 3

Die Regierungen der beiden vertragschließenden Teile werden künftig fortlaufend zwecks Konsultation in Fühlung miteinander bleiben, um sich gegenseitig über Fragen zu informieren, die ihre gemeinsamen Interessen berühren.

Artikel 4

Keiner der beiden vertragschließenden Teile wird sich an irgendeiner Mächtegruppierung beteiligen, die sich mittelbar oder unmittelbar gegen den anderen Teil richtet.

Artikel 5

Falls Streitigkeiten oder Konflikte zwischen den vertragschließenden Teilen über Fragen dieser oder jener Art entstehen sollten, werden beide Teile diese Streitigkeiten oder Konflikte ausschließlich auf dem Wege freundschaftlichen Meinungsaustausches oder nötigenfalls durch Einsetzung von Schlichtungskommissionen bereinigen.

Artikel 6

Der gegenwärtige Vertrag wird auf die Dauer von zehn Jahren abgeschlossen mit der Maßgabe, daß, soweit nicht einer der vertragschließenden Teile ihn ein Jahr vor Ablauf dieser Frist kündigt, die Dauer der Wirksamkeit dieses Vertrages automatisch als für weitere fünf Jahre verlängert gilt.

Artikel 7

Der gegenwärtige Vertrag soll innerhalb möglichst kurzer Frist ratifiziert werden. Die Ratifikationsurkunden sollen in Berlin ausgetauscht werden. Der Vertrag tritt sofort mit seiner Unterzeichnung in Kraft.
Ausgefertigt in doppelter Urschrift, in deutscher und russischer Sprache.
Moskau, am 23. August 1939.

Für die deutsche Reichsregierung
gez. *von Ribbentrop*

in Vollmacht der Regierung der UdSSR
gez. *W. Molotow*

*Geheimes Zusatzprotokoll vom 23. 8. 1939*

Aus Anlaß der Unterzeichnung des Nichtangriffspaktes zwischen dem Deutschen Reich und der Union der Sozialistischen Sowjetrepubliken haben die unterzeichneten Bevollmächtigten der beiden Teile in streng vertraulicher Aussprache die Frage der Abgrenzung der beiderseitigen Interessensphären in Osteuropa erörtert. Die Aussprache hat zu folgendem Ergebnis geführt:
1. Für den Fall einer territorial-politischen Umgestaltung in den zu den baltischen Staaten (Finnland, Estland, Lettland und Litauen) gehörenden Gebieten bildet die nördliche Grenze Litauens zugleich die Grenze der Interessensphäre Deutschlands und der UdSSR. Hierbei wird das Interesse Litauens am Wilnaer Gebiet beiderseits anerkannt.
2. Für den Fall einer territorial-politischen Umgestaltung der zum polnischen Staat gehörenden Gebiete werden die Interessensphären Deutschlands und der UdSSR ungefähr durch die Linie der Flüsse Pissa, Narew, Weichsel und San abgegrenzt. Die Frage, ob die beiderseitigen Interessen die Erhaltung eines unabhängigen polnischen Staates erwünscht erscheinen lassen und wie dieser Staat abzugrenzen wäre, kann endgültig erst im Laufe der weiteren politischen Entwicklung geklärt werden. In jedem Falle werden beide Regierungen diese Frage im Wege einer freundschaftlichen Verständigung lösen.
3. Hinsichtlich des Südostens Europas wird von sowjetischer Seite das Interesse an Bessarabien betont. Von deutscher Seite wird das völlige politische Desinteressement an diesen Gebieten erklärt.
4. Dieses Protokoll wird von beiden Seiten streng geheim behandelt werden.

Moskau, den 23. August 1939

gez. *von Ribbentrop*
gez. *W. Molotow*

Zit. nach Jacobsen – Jochmann, a.a.O., F, S. 1f.

*b) Hitlers Kriegspolitik und der deutsch-sowjetische Nichtangriffspakt*

Für totalitär gelenkte Staaten, mochten sie sich ideologisch noch so unterscheiden, stellte eine solche Schwenkung kein unüberwindliches Problem dar. Auf deutscher Seite spielten neben der bismarckschen Tradition deutsch-russischer Zusammenarbeit, die zumal in der Diplomatie lebendig geblieben war, strategische Überlegungen der Militärs und Hitlers Bemühungen um Vermeidung eines Zweifrontenkriegs eine Rolle. Während sich Rußlands Nachbarstaaten beharrlich weigerten, den Durchmarsch oder die Hilfe sowjetischer Truppen hinzunehmen und damit dem doppelten Risiko eines kommunistischen Umsturzes oder eines nationalsozialistischen Angriffs ausgesetzt zu werden, hatte Stalin durch die Ablösung seines langjährigen Außenministers Litwinow (3. Mai 1939) erkennen lassen, daß er die Politik der „kollektiven Sicherheit" mit dem Westen für gescheitert hielt. So rasch und bedenkenlos, wie es nur diktatorischen Regimen möglich ist, wandte er sich dem anderen Lager (und dem besseren Angebot) zu. So führten die geheimen Verhandlungen mit den „faschistischen Bestien" zu einem raschen Ergebnis. Die nationalsozialistische Feindpropaganda schwenkte vom Bolschewismus auf die westlichen „Plutokratien" über, Hitlers nahes Angriffsdatum (1. September) führte zum überstürzten Abschluß des Paktes. Kurz bevor die westlichen Unterhändler das Militärbündnis in Moskau zu vollenden hofften, machte sich Ribbentrop auf den Weg und unterzeichnete in der Nacht seiner Ankunft (23. August) in Gegenwart Stalins mit Molotow jenen deutschrussischen Nichtangriffspakt, der die Welt in höchste Überraschung und dann in den Krieg stürzte.
Der veröffentlichte Text verpflichtete beide Mächte, keinen Staat zu unterstützen, der mit einem der Vertragspartner im Krieg stehe. Die Westmächte waren damit isoliert. Den eigentlichen Kern und die interessenpolitische Grundlage des Pakts bildete jedoch ein geheimes Zusatzprotokoll, in dem die „Abgrenzung der beiderseitigen Interessensphären in Osteuropa" definiert und „für den Fall einer territorial-politischen Umgestaltung" Finnland und das Baltikum, die Osthälfte Polens und Bessarabien der Sowjetunion zugesprochen wurden. Daß die Frage eines polnischen Reststaates offengelassen und ausdrücklich betont wurde, das Protokoll solle „von beiden Seiten streng geheim behandelt werden", macht den unmittelbar kriegsbezogenen Sinn dieses Beutepaktes deutlich. Hitler hatte Stalin mehr geboten als die Westmächte, die auf den Willen der betroffenen Staaten Rücksicht nahmen. Der Pakt gab ihm dafür freie Hand zum Angriff auf Polen und zur „territorialpolitischen Umgestaltung der zum polnischen Staate gehörenden Gebiete", bis zu Narew, Weichsel und San. Die deutsche Expansion konnte beginnen, aber zugleich war auch der Sowjetunion der Weg nach Westen eröffnet worden. Nicht die so wirkungsvoll proklamierte „Abwehr des Kommunismus", sondern fortschreitende Expansionspolitik traten als Antrieb und Inhalt des Hitler-Regimes hervor. Für zwei Jahre wurde die Bollwerkthese einfach umgedreht. Ribbentrop erklärte Stalin geradezu, der Antikominternpakt sei „im Grunde nicht gegen die Sowjetunion, sondern gegen die westlichen Demokratien gerichtet".

Aus: Karl Dietrich Bracher, a.a.O., S. 345f.

*c) Die russischen Motive beim Hitler-Stalin-Pakt*

Die Entscheidung Stalins, auf die taktische Schwenkung Hitlers einzugehen und mit ihm einen Pakt auf der Basis der Teilung Ostmitteleuropas abzuschließen, war seit „München" vorbereitet worden. Um ein in seiner Sicht drohendes Arrangement zwischen England und

Hitler-Deutschland zu verhindern, das in sowjetkommunistischer Interpretation nur offensiv gegen die Sowjetunion gerichtet sein konnte, schien ein eigener Vertragsabschluß mit Hitler das am besten geeignete Mittel; denn Hitler mußte diesen Pakt als Ermunterung zum militärischen Angriff auf Polen auffassen (anstatt zum Einlenken auf eine „Kleine Lösung" in Gestalt von Revisionen an der deutsch-polnischen Grenze unter Vermittlung Englands, wie es im Falle der Unterzeichnung eines britisch-französisch-sowjetischen Militärbündnisses im August 1939 von Stalins Sicht her befürchtet werden mußte). Der deutsche Angriff auf Polen aber mußte mit hoher Wahrscheinlichkeit den kriegerischen Konflikt Hitlers mit den Westmächten auslösen. Davon, daß England „trotz seiner Schwäche schlau und hartnäckig Krieg führen würde", war Stalin überzeugt – wie er Ribbentrop gegenüber in der Nacht vom 23. zum 24. August in bemerkenswerter Offenheit erklärte. Damit war endlich die Grundvoraussetzung erreicht, die der Verwirklichung des außenpolitischen „Programms" Stalins bisher entgegengestanden hatte. Auch dieses „Programm" lag (wie das Hitlers) bereits seit der Mitte der zwanziger Jahre fest. Die Spannungen zwischen den „imperialistischen" Mächten mußten sich nach sowjetkommunistischer Auffassung früher oder später in einem Kriege entladen. Dabei galt es zu verhindern, daß es zu einem gemeinsamen Krieg der „kapitalistischen" Mächte gegen die Sowjetunion kam; sie mußten vielmehr untereinander in einen kriegerischen Konflikt gebracht werden. „Sollte . . . (ein solcher) Krieg beginnen" – so hatte Stalin am 19. Januar 1925 auf der Plenartagung des Zentralkomitees der Kommunistischen Partei Rußlands seine Grundthese dargelegt –, „so werden wir nicht untätig zusehen können – wir werden auftreten müssen, aber wir werden als letzte auftreten, um das entscheidende Gewicht in die Waagschale zu werfen, ein Gewicht, das ausschlaggebend sein dürfte".
Stalins Entscheidung vom August 1939 versetzte damit die Sowjetunion in eine so günstige Position, wie sie sie in ihrer ganzen Geschichte seit 1917 noch niemals eingenommen hatte. An die Stelle der bisher die sowjetische Gesamtpolitik beherrschenden traumatischen Vorstellung von einer allseitigen Bedrohung durch die „kapitalistischen" Mächte konnte nun das Bewußtsein treten, die Position einer von allen Kriegführenden respektierten, ja umworbenen Großmacht innezuhaben, deren politisches Gewicht in dem Maße wuchs, wie der Krieg in Europa fortdauerte und die Energien der beteiligten Staaten absorbierte.

Aus: Andreas Hillgruber, Deutschlands Rolle in der Vorgeschichte der beiden Weltkriege, Göttingen 1967, S. 96ff.

### *d) Rosenbergs ideologische Skrupel*

(Tagebucheintrag vom 25. 8.1939)

Die Hoffnungen Englands auf Hinauszögerung der Verhandlungen haben sich glücklicherweise nicht bewahrheitet: Der Pakt mit Moskau wurde schnell unterschrieben. Ein weitreichender Entschluß, dessen Folgen nicht abzusehen sind. Historisch: So wie Sparta und Athen abwechselnd die Perser zu Hilfe riefen, so wenden England und Deutschland sich heute an die Sowjet-Union. Die Engländer haben als erste zweifellos den Versuch gemacht, die Sowjets gegen uns zu hetzen; was konnte der Führer angesichts der *vorhandenen* Lage tun, als dies durch eine plötzliche Wendung zu vereiteln. Wie ich soeben erfahre, ist es so gekommen, daß der Führer an Stalin einen Brief mit einem Angebot gemacht hat, worauf eine sehr liebenswürdige Antwort gekommen ist . . . Ich habe jedoch das Gefühl, als ob sich

dieser Moskau-Pakt irgendwann am Nationalsozialismus rächen wird. Das war nicht ein Schritt aus freiem Entschluß, sondern die Handlung einer Zwangslage, ein Bittgesuch seitens einer Revolution gegenüber dem Haupt einer anderen, die niederzukämpfen das vorgehaltene Ideal eines 20-jährigen Kampfes gewesen ist. Wie können wir noch von der Rettung und Gestaltung Europas sprechen, wenn wir den Zerstörer Europas um Hilfe bitten müssen? Wir können heute auch nicht offen sagen, durch ein Zusammengehen würden wir nach und nach in Rußland eine Änderung herbeiführen, um dadurch wirklich an das russische *Volk* heranzukommen.
Wenn wir zudem der Sowjet-Union das Territorium der polnischen *Ukraine* überlassen müssen, so ist das nach der Karpatho-Ukraine der *zweite* Schlag unsererseits gegen die stärkste antimoskowitische Kraft. Das mag sich auch *jetzt* noch nicht auswirken, wohl aber in späteren Zeiten. Aber *da* nun einmal ein entscheidender Entschluß gefaßt worden war, so ergibt sich das, und noch manches andere, mit Konsequenz. Und wieder entsteht die Frage: *Mußte* diese Situation kommen? *Mußte* die polnische Frage jetzt gelöst werden und in dieser Form? Heute kann niemand darauf eine Antwort geben. *Ich* jedenfalls halte Ribbentrop für den Verbrecher Iswolsky, der auch aus gekränkter Eitelkeit die „Gründe" zu seiner politischen Haltung schöpfte.

Zit. nach: Das politische Tagebuch Alfred Rosenbergs 1934/35 und 1939/40, hrsg. von Hans-Günther Seraphim, München 1964, S. 92f.

## 10. Hitlers außenpolitische Befürchtungen

### *a) Hitlers Rede vor der deutschen Presse vom 10. 11. 1938*

Wir haben uns dabei einige Aufgaben gestellt in diesem Jahr, die wir durch unsere Propaganda – und hier darf ich die gegenwärtige Presse mit an die Spitze der Instrumente stellen – erreichen wollen.
*Erstens* die langsame Vorbereitung des deutschen Volkes selbst. Die Umstände haben mich gezwungen, *jahrzehntelang* fast nur vom Frieden zu reden. Nur unter der fortgesetzten Betonung des deutschen Friedenswillens und der Friedensabsichten war es mir möglich, dem deutschen Volk Stück für Stück die Freiheit zu erringen und ihm die Rüstung zu geben, die immer wieder für den nächsten Schritt als Voraussetzung notwendig war. Es ist selbstverständlich, daß eine solche jahrzehntelang betriebene Friedenspropaganda auch ihre bedenklichen Seiten hat; denn es kann nur zu leicht dahin führen, daß sich in den Gehirnen vieler Menschen die Auffassung festsetzt, daß das heutige Regime an sich identisch sei mit dem Entschluß und dem Willen, den Frieden unter *allen* Umständen zu bewahren. Das würde aber nicht nur zu einer falschen Beurteilung der Zielsetzung dieses Systems führen, sondern es würde vor allem auch dahin führen, daß die deutsche Nation, statt den Ereignissen gegenüber gewappnet zu sein, mit einem Geist erfüllt wird, der auf die Dauer als Defaitismus gerade die Erfolge des heutigen Regimes nehmen würde und nehmen müßte. Der Zwang war die Ursache, warum ich jahrelang nur vom Frieden redete. Es war nunmehr notwendig, das deutsche Volk psychologisch allmählich umzustellen und ihm langsam klar zu machen, daß es Dinge gibt, die, wenn sie nicht mit friedlichen Mitteln durchgesetzt werden können, mit Mitteln der Gewalt durchgesetzt werden *müssen*. Dazu war es aber notwendig, nicht etwa nun die Gewalt als solche zu propagieren, sondern es war notwendig, dem deutschen

Volk bestimmte außenpolitische Vorgänge so zu beleuchten, daß die *innere Stimme* des Volkes selbst langsam nach der Gewalt zu schreien begann. Das heißt also, bestimmte Vorgänge so zu beleuchten, daß im Gehirn der breiten Masse des Volkes ganz automatisch allmählich die Überzeugung ausgelöst wurde: wenn man das eben nicht im Guten abstellen kann, dann muß man es mit Gewalt abstellen; so kann es aber auf keinen Fall weitergehen. Diese Arbeit hat Monate erfordert, sie wurde planmäßig begonnen, planmäßig fortgeführt, verstärkt. Viele haben sie nicht begriffen, meine Herren; viele waren der Meinung, das sei doch alles etwas übertrieben. Das sind jene überzüchteten Intellektuellen, die keine Ahnung haben, wie man ein Volk letzten Endes zu der Bereitschaft bringt, geradezustehen, auch wenn es zu blitzen und zu donnern beginnt . . .
Es mußte also heuer unter allen Umständen die Lösung dieses Problems (Annexion der sudetendeutschen Gebiete) erfolgen. Es war nun nicht mehr möglich, hier etwas zu vertagen. Die Vorbereitungen, die hier zum ersten Mal auch auf die letzte Konsequenz hin durchgeführt und getroffen werden mußten, waren so gewaltiger Art, daß ein Tarnen nicht mehr gut denkbar schien. Vor allem aber, es war auch nicht mehr anzunehmen, daß unter den Umständen die Umwelt überhaupt noch daran geglaubt haben würde. Irgendwie glaube ich, hat sich diese Platte, die pazifistische Platte, bei uns abgespielt. Man hätte wahrscheinlich diese Melodie nicht mehr gehört oder ihrem Inhalt nicht mehr geglaubt. Ich war der Überzeugung, daß es jetzt nur noch den anderen Weg gibt, nämlich den, ganz brutal und rücksichtslos die Wahrheit zu sagen, nicht mehr und nicht weniger.
Meine Herren, es war früher mein größter Stolz, eine Partei mir aufgebaut zu haben, die auch in den Zeiten der Rückschläge stur und fanatisch hinter mir stand, gerade dann fanatisch hinter mir stand. Das war mein größter Stolz und bedeutete für mich eine ungeheure Beruhigung. Dazu müssen wir das ganze deutsche Volk bringen. Es muß lernen, so *fanatisch* an den Endsieg zu glauben, daß, selbst wenn wir einmal Niederlagen erleiden würden, die Nation sie nur, ich möchte sagen, von dem höheren Gesichtspunkt aus wertet: Das ist vorübergehend; am Ende wird uns der Sieg sein! Es ist ein preußischer Feldherr gewesen, der vielleicht am allerschärfsten diesen Charakterzug ausprägte: Blücher, der Mann vielleicht der meisten Niederlagen, aber des fanatisch festen Glaubens an den Endsieg, und das war das Entscheidende. Dazu müssen wir unser ganzes Volk erziehen. Es muß erzogen werden zu dem absoluten, sturen, selbstverständlichen, zuversichtlichen Glauben: Am Ende werden wir alles das erreichen, was notwendig ist. Das kann man nur dadurch schaffen, das kann nur gelingen durch einen fortgesetzten Appell an die Kraft der Nation, durch das Hervorkehren der positiven Werte eines Volkes und durch das möglichste Außerachtlassen der sogenannten negativen Seiten.
Dazu ist es auch notwendig, daß gerade die Presse sich ganz blind zu dem Grundsatz bekennt: Die Führung handelt richtig! Meine Herren, wir alle müssen für uns in Anspruch nehmen die Genehmigung, Fehler zu machen. Auch Zeitungsmenschen sind von dieser Gefahr nicht befreit. Aber wir alle können nur bestehen, wenn wir der Welt gegenüber nicht gegenseitig die Fehler beleuchten, sondern wenn wir das Positive beleuchten. Das heißt mit anderen Worten, es ist notwendig, daß – *ohne überhaupt* die Möglichkeit von Fehlern zu bestreiten oder auch des Diskutierens – es ist notwendig, daß grundsätzlich die Richtigkeit der Führung immer betont wird. Das ist das Entscheidende . . .

Zit. nach Hildegard von Kotze-Helmut Krausnick (Hrsg.), Es spricht der Führer, Gütersloh 1966, S. 269 ff.

*b) Aus einer Goebbels-Rede vom 5. 4. 1940*

In einer aufschlußreichen Rede im kleinen Kreis kurz vor der Niederwerfung Frankreichs durch die deutsche Wehrmacht im Frühjahr 1940 hat Goebbels in triumphierender Weise die Frage gestreift, die (heute aus der Rückschau) im Hinblick auf die ungestörte Machtentfaltung des „Dritten Reichs" vom Januar 1933 bis zum September 1939 immer wieder gestellt wird: Wie war es möglich, daß die europäischen Staaten Hitler so lange gewähren ließen, bis sie – und zwar zunächst auch nur ein kleiner Teil von ihnen – ihm endlich im September 1939 bei seinem Angriff auf Polen entgegentraten? Dabei wäre – so wird argumentiert – doch allein schon aus Hitlers „Kampf"-Buch die ebenso weitgespannte wie radikale Zielsetzung seiner Außenpolitik abzulesen gewesen – wenn man dieses Buch ernst genommen hätte. Goebbels konnte am 5. April 1940 – im großen gesehen mit Recht – feststellen: „Bis jetzt ist es uns gelungen, den Gegner über die eigentlichen Ziele Deutschlands im unklaren zu lassen, genauso wie unsere innenpolitischen Gegner bis 1932 gar nicht gemerkt haben, wohin wir steuerten, daß der Schwur auf die Legalität nur ein Kunstgriff war. Wir wollten legal an die Macht kommen, aber wir wollten sie doch nicht legal gebrauchen ... Man hätte uns ja erdrücken können. Man hätte 1925 ein paar von uns in Haft nehmen können, und alles wäre aus und zu Ende gewesen. Nein, man hat uns durch die Gefahrenzone hindurchgelassen. Genauso war das in der Außenpolitik ... 1933 hätte ein französischer Ministerpräsident sagen müssen (und wäre ich französischer Ministerpräsident gewesen, ich hätte es gesagt): Der Mann ist Reichskanzler geworden, der das Buch „Mein Kampf" geschrieben hat, in dem das und das steht. Der Mann kann nicht in unserer Nachbarschaft geduldet werden. Entweder er verschwindet, oder wir marschieren. Das wäre durchaus logisch gewesen. Man hat darauf verzichtet. Man hat uns gelassen, man hat uns durch die Risikozone ungehindert durchgehen lassen, und wir konnten alle gefährlichen Klippen umschiffen, und als wir fertig waren, gut gerüstet, besser als sie, fingen sie den Krieg an."

Zit. nach A. Hillgruber, Deutschlands Rolle, a. a. O., S. 76 f.

## II. Deutschland und der Zweite Weltkrieg

### Übersicht

1939 23. August: Der deutsch-russische Nichtangriffspakt, Hitlers vermeintlich „große Trumpfkarte" (Jacobsen), löst nicht die erhoffte außenpolitische Revolution aus. Im Gegenteil: Die Westmächte betonen ihre Garantie gegenüber Polen, was Hitler in seinem Entschluß bestärkt, die polnische Frage gewaltsam zu lösen.

25. August: Mit einem „großzügigen Angebot" an England, in dem Hitler sich bereit erklärt, „sich für den Bestand des britischen Imperiums persönlich zu verpflichten und die Kraft des Deutschen Reiches dafür einzusetzen", versucht er, England in seinem Garantieversprechen gegenüber Polen zu verunsichern und sich ein propagandistisches Alibi zu verschaffen. Denn gleichzeitig läßt Hitler die Vorbereitungen für den Fall „Weiß" anlaufen, d. h. den Überfall auf Polen, der am Morgen des 26. 8. in Szene gesetzt werden soll.

1939 Zwei Ereignisse veranlassen Hitler, den bereits erteilten Angriffsbefehl zu widerrufen: Der Abschluß eines unbedingten und uneingeschränkten britisch-polnischen Beistandsabkommens und die Absage Italiens, das sich „nicht kriegsbereit" erklärt. Der Frieden erhält damit noch eine Chance, doch sie kann nicht genutzt werden.

1. September: Obwohl sich die Situation des 25. August in keiner Weise geändert hat, beginnt Hitler den Krieg gegen Polen. Ohne Kriegserklärung und überfallartig werden die militärischen Aktionen veranlaßt, die Hitler vor dem applaudierenden Reichstag mit der Behauptung kaschiert, es werde nur „zurückgeschossen".

3. September: England und Frankreich erklären nacheinander Deutschland den Krieg, der damit – entgegen Hitlers zwischen Illusion und Selbstbetrug schwankenden Prognosen – europäische Ausmaße angenommen hat. Gegenüber Mussolini rechtfertigt er sich mit dem Argument, daß „man dem Kampf auf die Dauer nicht ausweichen konnte" und es demgemäß für ihn darauf ankam, „mit eisiger Überlegung den richtigen Augenblick zu wählen".

17. September: Eintritt der Sowjetunion in die – bereits entschiedenen – Kampfhandlungen. Sie besetzt – ohne daß die Westmächte eingreifen – das östliche Polen.

28. September: Kapitulation Polens. Der rasche Zusammenbruch ist nicht nur Konsequenz der deutschen militärischen Überlegenheit, sondern auch mitverschuldet durch die unterlassene Hilfeleistung der westlichen Verbündeten. Danzig, Westpreußen und das Wartheland werden dem Deutschen Reich eingegliedert und der polnische Reststaat um das Zentrum Krakau in ein deutsches „Generalgouvernement" umgewandelt.

1940 April: Die Bedeutung Norwegens für die deutsche Kriegführung (Durchgangsland für schwedisches Erz und Basis für ein See- und Luftkriegunternehmen gegen England) und die drohende Sperrung der Häfen durch England veranlassen Hitler, die wichtigsten Küstenplätze zu besetzen. In dem anschließend eroberten Land errichtet Hitler ein Satellitenregime unter dem früheren norwegischen Kriegsminister Vidkun Quisling. Sein Name wird zur geläufigen Bezeichnung für alle, die in unterworfenen Ländern dem NS-Regime politische Handlangerdienste leisten.

10. Mai: Eröffnung des deutschen Angriffs im Westen, der mit dem Hauptstoß durch Südbelgien und Luxemburg über Maas und Somme die Kanalküste erreicht. Das britische Expeditionskorps und Teile der französischen Armee entkommen über den Kanal, nachdem Hitler die motorisierten Verbände bei Dünkirchen hat anhalten lassen.

10. Juni: Eintritt Italiens in den bereits entschiedenen Krieg an der Seite Deutschlands.

14. Juni: Kampflose Besetzung von Paris, das zur offenen Stadt erklärt war und so vor der Zerstörung bewahrt wird.

17. Juni: Die neugebildete französische Regierung unter Marschall Pétain bittet um Waffenstillstand.

22. Juni: Abschluß des Waffenstillstands mit Frankreich im Wald von Compiègne an der gleichen Stelle und im gleichen Eisenbahnwagen, in dem im November 1918 die deutsche Delegation die Waffenstillstandsbedingungen entgegengenommen hat.
Aufteilung des Landes in eine besetzte Zone (Nord- und Mittelfrankreich und ein breiter Streifen an der Atlantikküste bis zur spanischen Grenze) und eine unbesetzte (Südfrankreich mit Vichy als Zentrum). Demobilisierung der Streitkräfte. Abtretung von Elsaß-Lothringen.
Frankreich, die unbestrittene militärische Vormacht des Kontinents, ist unerwartet schnell zusammengebrochen; Hitler wird von eilfertigen Publizisten als „der größte

1940 Feldherr aller Zeiten" gefeiert; sein ehemaliger oberster Kriegsherr, Wilhelm II., sendet dem Gefreiten des Ersten Weltkriegs aus dem Exil in Doorn ein Glückwunschtelegramm zu dem „gewaltigen Sieg".
England – seit dem 10. 5. unter dem Premier Winston Churchill, dem großen Gegner der Appeasement-Politik – ist zum äußersten Widerstand entschlossen.

September-November: Die „Luftschlacht um England" mit vornehmlicher Bombardierung der Industriezentren Coventry und Birmingham wird nach großen deutschen Verlusten abgebrochen.

1941 22. Juni: Überfallartige Eröffnung des mit russischen Aufmarschbewegungen an der deutschen Ostgrenze fadenscheinig motivierten Krieges gegen die Sowjetunion. Der verhängnisvolle Entschluß Hitlers, den sowjetrussischen Verbündeten anzugreifen, datiert vom Spätherbst 1940. Er ist wesentlich mitbestimmt durch die widerwillig akzeptierte Einsicht, daß England weder mit militärischen Mitteln (Undurchführbarkeit des geplanten Landungsunternehmens „Seelöwe") noch auf diplomatischem Wege (Zurückweisung deutscher Sondierungen nach Beendigung des Frankreichfeldzuges) zum Einlenken gebracht werden könne. Zudem wird Hitler durch die während der deutschen Bindung im Westen erfolgte russische Besetzung von Bessarabien und der Nordbukowina, die – wenigstens in Form und Umfang – gegen den deutsch-russischen Nichtangriffspakt verstieß und die für die deutsche Kriegführung als notwendig erachteten rumänischen Ölfelder der Sowjetunion auszuliefern schien, in seiner frühen Ansicht bestärkt, daß die Auseinandersetzung mit dem „Riesenreich im Osten" unvermeidlich und sie „mehr als nur ein Kampf der Waffen" sei.
In den ersten Wochen des Krieges, in dem von Anfang an Rumänien, Ungarn und Finnland die deutsche Seite unterstützen, stoßen die deutschen Truppen weit in den russischen Raum vor (Eroberung von Minsk, Smolensk, Odessa, Schlüsselburg) und machen über vier Millionen Kriegsgefangene.

12. Juli: Bündnis zwischen England und der UdSSR. Die USA liefern Kriegsgerät und Munition an England (bzw. Sowjetunion ab Sommer 1942) auf der Basis des „Pacht- und Leihgesetzes" (März 1941), d. h. ohne unmittelbare Bezahlung. Der Kongreß hat dem Präsidenten die Vollmacht erteilt, der Regierung jedes Landes, „dessen Verteidigung der Präsident für die Verteidigung der Vereinigten Staaten für lebenswichtig erachtet, Verteidigungsmittel zur Verfügung zu stellen".

14. August: Der amerikanische Präsident Roosevelt und der englische Premierminister Churchill verkünden anläßlich eines Treffens im Nordatlantik die sog. Atlantik-Charta: Bekenntnis zum Selbstbestimmungsrecht; Beseitigung der Nazi-Herrschaft; Eintreten für ein Leben frei von Mangel und Furcht.

September: Herausgabe des berüchtigten „Nacht- und Nebel-Erlasses" durch Hitler. Er sieht vor, der Widerstandstätigkeit verdächtige Personen in den besetzten Gebieten bei „Nacht und Nebel" über die Grenze nach Deutschland zu verschleppen.

Ab Oktober: Festlaufen des deutschen Angriffs vor Moskau und Leningrad. Der vorzeitig hereinbrechende Winter verursacht schwere Verluste, da die deutschen Truppen in der Hoffnung auf ein rasches Ende des Feldzugs ohne zureichende Ausrüstung gelassen wurden. Die allenthalben entstehenden Partisanengruppen sind die Antwort auf die von Hitler angeordnete brutale Unterjochungspolitik in den eroberten Gebieten. SS- und SD-Einheiten betreiben hinter der Front eine rücksichtslose Menschenjagd zur Gewinnung von Zwangsarbeitern für den Einsatz im deutschen Reichsgebiet.

1941 Dezember: Die russische Gegenoffensive kann mit äußerster Anstrengung ohne wesentliche Geländeverluste abgewehrt werden. Eine Rücknahme der deutschen Front in ausgebaute Stellungen hat Hitler abgelehnt.

7. Dezember: Japanischer Überfall auf die amerikanische Pazifikflotte in Pearl Harbor (Hawaii). Diese Aktion, wesentlich ausgelöst durch wirtschaftliche Gegensätze der beiden am ostasiatischen Markt interessierten Mächte, gehört zu den entscheidenden Wendepunkten des Zweiten Weltkriegs. Denn sie ist gekoppelt mit Hitlers verhängnisvollem Entschluß, den USA den Krieg zu erklären. Damit gewinnt der militärische Konflikt weltweite Dimensionen. Davon verspricht sich Hitler unbegreiflicherweise eine Auflösung der festgefahrenen Situation an der russischen Front. Zudem hält er den Zusammenstoß mit den USA aufgrund der ideologischen Gegnerschaft für unvermeidlich.

19. Dezember: Übernahme der Befehlsgewalt über das Ostheer durch Hitler als letzter Schritt zur Entmachtung der militärischen Führung.

1942 20. Januar: Die sog. „Wannseekonferenz", von Göring und Heydrich einberufen, verständigt sich hinsichtlich der „Endlösung der Judenfrage", d. h. den Abtransport der Juden in Konzentrationslager und „die fabrikmäßige physische Liquidierung" (Broszat). Vorausgegangen sind schikanierende Maßnahmen: Einführung des gelben Sterns, Kennzeichnung der jüdischen Wohnungen, Unterstellung der Juden unter Polizeigerichtsbarkeit, Schließung jüdischer Schulen, Verbot der Benutzung öffentlicher Verkehrsmittel und Beschlagnahme von Vermögenswerten.

24. April: Auf Antrag Hitlers beschließt der Reichstag, dem Diktator unbegrenzte Rechte und Vollmachten einzuräumen. „Sein Wille wurde zum Gesetz der Nation erhoben" (Michaelis). Damit ist eine Einberufung des Reichstags künftig entbehrlich und die persönliche Willkürherrschaft Hitlers vollendet.

Juni: Wende auf dem ostasiatischen Kriegsschauplatz durch den Sieg der Amerikaner in der Luft- und Seeschlacht bei den Midway-Inseln. Die materielle Überlegenheit der USA verstärkt sich zunehmend.

Sommer: Großangelegte deutsche Offensive in Rußland führt zu bedeutenden Geländegewinnen (Einnahme von Sewastopol, Überschreiten des Don, Vordringen bis zum Kaukasus). Doch das weitgesteckte Ziel, die untere Wolga zu erreichen, das Ölgebiet von Batum und Baku in deutsche Hand zu bringen und die russische Widerstandskraft entscheidend zu schwächen, wird nicht verwirklicht.

August: Das zur Unterstützung des auf dem nordafrikanischen Kriegsschauplatz in Schwierigkeiten geratenen italienischen Heeres entsandte deutsche Afrikakorps unter General Rommel (April 1941) hat die Engländer zur Preisgabe der Cyrenaika und zum Rückzug bis zur ägyptischen Grenze gezwungen. Doch vor El-Alamein, der letzten Verteidigungslinie in Ägypten, kommt der deutsche Vorstoß endgültig zum Stillstand.

November: Errichtung der von Stalin geforderten „zweiten Front" durch Landung anglo-amerikanischer Verbände unter General Eisenhower in Marokko und Algerien. Erstes offensives Eingreifen der USA im Mittelmeerbereich.

1943 Januar: Verständigung von Roosevelt und Churchill über die Vorrangigkeit der europäischen Front und über die Forderung nach bedingungsloser Kapitulation des Deutschen Reiches (Konferenz von Casablanca).

Kapitulation der 6. deutschen Armee in Stalingrad, die – von allen rückwärtigen Verbindungen abgeschnitten und von Hitler mit Befehlen zum heroischen Durchhalten

1943 am Ausbruch gehindert – ein Opfer der maßlosen Überspannung der deutschen Kräfte durch die Hitlersche Strategie wird. Darüber hinaus markiert Stalingrad, „das größte Massengrab der deutschen Geschichte" (P. E. Schramm), als „Kulminationspunkt der deutschen Leistungsfähigkeit" (Jacobsen) und als beispiellose militärische Katastrophe einen weiteren Wendepunkt des Krieges.

Ab Februar: Die Belastung der deutschen Zivilbevölkerung durch Luft- und Bombenkrieg nimmt angesichts der Ohnmacht der eigenen Gegenwehr immer unerträglichere Formen an und wird zum Dauerzustand.

18. Februar: Rede des Propagandaministers Goebbels im Berliner Sportpalast: Propagierung des „totalen Krieges".

Mai: Zusammenbruch des deutsch-italienischen Widerstandes in Nordafrika.

Juli: In einem großangelegten Landeunternehmen setzen die Amerikaner und Briten von der nordafrikanischen Basis aus zum Vorstoß auf den europäischen Kriegsschauplatz („Festung Europa") an, erobern binnen weniger Tage Sizilien und dringen über die Straße von Messina in Süditalien ein.

25. Juli: Erzwungener Rücktritt und Verhaftung Mussolinis durch die Gegner der Achsen-Politik innerhalb der faschistischen Führung. Italien tritt in das Lager der Alliierten über und schließt einen Sonderwaffenstillstand (3. 9.).

Dezember: Konferenz von Teheran, auf der Roosevelt, Churchill und Stalin sich über die alliierte Invasion in Frankreich verständigen und erstmals die Frage der Aufteilung des besiegten Deutschland erörtern.

1944 Juni: Nachdem die Rote Armee in ihrer Frühjahrsoffensive bis zu den Grenzen Rumäniens, der Tschechoslowakei und Polens durchgestoßen ist, erfolgt am 6.6. (sog. D-Day) mit der Landung der Alliierten an der französischen Kanalküste die mit großer Systematik geplante Invasion. Alle Versuche, die deutsche Westfront zu stabilisieren, schlagen nicht zuletzt angesichts der feindlichen Luftüberlegenheit fehl. Darüber hinaus trägt Hitler – in der Defensive überhaupt ohne jedes strategische Konzept – durch seine sinnlose Taktik des Haltens-um-jeden-Preis wesentlich zum Verschleiß der letzten Reserven bei.

20. Juli: Spektakuläre Höhepunkte des deutschen Widerstandes gegen das NS-System durch das von dem schwerkriegsversehrten Oberst Claus Graf Schenk von Stauffenberg während einer Lagebesprechung mit einer Zeitzünderbombe unternommene Attentat auf Hitler, dem dieser jedoch durch die Gunst der Umstände wenig verletzt entgeht. Die Flut der darauf folgenden Scheinprozesse vor dem sog. Volksgerichtshof unter dem berüchtigten Präsidenten Roland Freisler mit mehr als 3000 Todesurteilen beweist die weite Verzweigung der deutschen Opposition gegen das Hitler-Regime.

Dezember: Hitler deutet einen gewissen Stillstand an der Westfront während der Monante Oktober und November als Erschöpfung der Alliierten und sieht darin die Chance einer deutschen Offensive. Doch der am 16.12. aus dem Raum der Ardennen („Arden-nenoffensive") über den Maasbogen bei Lüttich auf Antwerpen, den wichtigsten alliierten Nachschubhafen, hinzielende Angriff, kommt nach 60 km zum Stehen und kostet die letzten intakten Verbände.

1945 Januar: Der endgültige Zusammenbruch, den Hitler mit immer wahnwitzigeren Maßnahmen (Aufbietung des „Volkssturms", Einberufung des Jahrgangs 1929) hinauszuzögern sucht, ist absehbar. Im Westen wie im Osten haben die Gegner die Reichsgrenzen

1945 erreicht. In zügigem Vorrücken besetzen die russischen Armeen Oberschlesien, Pommern und Niederschlesien, während im Westen die Amerikaner und Engländer zu gleicher Zeit den Rhein überwinden (die Brücke bei Remagen fällt unzerstört in ihre Hand) und die süddeutschen Länder, das Ruhrgebiet und Niedersachsen in Besitz nehmen. Es wäre angesichts des schwachen deutschen Widerstandes für die Alliierten durchaus möglich, Berlin und Prag vor dem russischen Verbündeten zu erreichen, aber Eisenhower hält sich in loyaler Weise an die Verabredungen mit den Russen.

4.–12. Februar: Konferenz der „Großen Drei" (Roosevelt, Stalin und Churchill) in Jalta auf der Krim. Festlegung der Behandlung von Nachkriegs-Deutschland: Aufteilung in Besatzungszonen, vollständige Entmilitarisierung, Reparationszahlungen, Abtretung der Ostgebiete an Polen, Zwangsumsiedlung der dort wohnenden Deutschen.

13.–14. Februar: Durch schwere Luftangriffe auf das mit obdachlosen Flüchtlingen überfüllte Dresden sterben etwa 40 000 Menschen.

19. März: Gegen den Befehl Hitlers – gerichtet an die Gauleiter und Reichsverteidigungskommissare – „Verkehrs-, Nachrichten-, Industrie- und Versorgungsanlagen zu zerstören", protestiert der Rüstungsminister Albert Speer und versteht die Ausführung dieser Verbrannte-Erde-Strategie weitgehend zu verhindern.

25. April: Erstmalige Begegnung russicher und amerikanischer Truppen bei Torgau an der Elbe.

Ende April: Der Ring der sowjetischen Armeen schließt sich um Berlin, wo Hitler – vergraben in dem 8 m tiefen Bunker der Reichskanzlei – mit Divisionen rechnet und operiert, die längst nicht mehr existieren. Am 30.4. begeht er Selbstmord, nachdem er zuvor – durch seinen intriganten Sekretär Martin Bormann bestärkt – seine Paladinge Göring und Himmler wegen Kontaktaufnahme mit dem Gegner ihrer Ämter enthoben hat.

In dem hinterlassenen politischen Testament, das den Großadmiral Karl Dönitz zu seinem Nachfolger im Amt des Reichpräsidenten bestimmt, versucht Hitler, nicht nur die Verantwortung zu leugnen (Krieg vom Judentum angezettelt, vom Generalstab verloren, er selbst ein Opfer von Verrat), sondern „die Führung der Nation und die Gefolgschaft zur peinlichen Einhaltung der Rassegesetze und zum unbarmherzigen Widerstand gegen den Weltvergifter aller Völker, das internationale Judentum" zu verpflichten.
Die Bemühungen des Hitler-Nachfolgers, zu einer Teilkapitulation mit dem Westen zu gelangen und den Kampf gegen die russische Front fortzusetzen, scheitern an der Unzugänglichkeit der Alliierten. Doch gelingt es durch ein verlustreiches Weiterführen des Krieges in den östlichen Reichsgebieten, die Gesamtkapitulation um einige Tage hinauszuschieben und so zwei bis drei Millionen Deutschen den Weg in die westlichen Teile zu ermöglichen.

7. Mai: Kapitulation im Hauptquartier Eisenhowers in Reims; sie wird am 8. 5. in Karlshorst gegenüber den Sowjets wiederholt.
Damit ist für Deutschland der Zweite Weltkrieg militärisch beendet: eine Niederlage von katastrophalem Ausmaß und an Verlusten ohne Beispiel. Allein auf deutscher Seite zählt man 3,25 Millionen Tote und Vermißte der Wehrmacht, 500 000 durch Bombenkrieg und 2,5 Millionen auf der Flucht umgekommene Zivilpersonen.

6. August: Zündung zweier Uraniumbomben durch die US-Luftwaffe über Hiroshima und Nagasaki. Japan kapituliert bedingungslos.

## Einführung in die Arbeitsthemen

Der Zweite Weltkrieg war nicht das Ergebnis unausweichlicher Zwangsläufigkeiten, sondern wurde von Hitler mit Vorbedacht, „mit eisiger Überlegung", wie er seinem Partner Mussolini versicherte, entfesselt. Die Nachricht seiner Eröffnung mit dem militärischen Angriff auf Polen hat nirgendwo in Deutschland jene Kriegsbegeisterung und Kundgebungen patriotischen Überschwangs hervorgerufen, die man in den ersten Augusttagen des Jahres 1914 erlebt hatte. In eher fatalistischer Stimmung nahm man den Gang der Entwicklung bedrückt und unheilahnend hin. Selbstbewußte Zuversicht stellte sich erst später ein. Ihre Grundlage bildeten die unerwarteten Erfolge der sog. „Blitzkriege".

Doch auch sie brachten England nicht zum Einlenken, zum Arrangement zu den Bedingungen Hitlers. Allerdings wäre es verfehlt, Hitlers Entschluß zum Überfall auf die Sowjetunion, der dann ohne jede Kriegserklärung erfolgte, ausschließlich auf das Scheitern dieser Umarmungsabsicht zurückzuführen und in ihm einen reinen Versuch der indirekten Bekämpfung Englands zu erblicken. Ideologische Momente („Vernichtung des Bolschewismus", „Lebensraumgewinnung im Osten") und machtpolitische Zielsetzungen (Beherrschung Südosteuropas) spielten eine zum mindesten gleichgewichtige Rolle.

Das ideologische Motiv, wesentliche Signatur des Zweiten Weltkriegs überhaupt, muß auch hinter einem anderen, unbegreiflichen Schritt Hitlers gesucht werden: der Kriegserklärung an die bis dahin in isolationistischer Reserve verharrenden USA. Sie verschaffte nicht nur Roosevelt die Möglichkeit, „das Schwergewicht der strategischen Planung und des Kräfteeinsatzes nach Europa und gegen das nationalsozialisitische Reich als Hauptgegner zu legen" (Herzfeld), sondern bildete – wenn man nicht schon den Rußland-Feldzug dafür halten will – den Auftakt zur unvermeidlichen Katastrophe.

Als deren symptomatische, das innenpolitische Prestige des NS-Systems nachhaltig tangierende Etappe muß vor allem die Niederlage von Stalingrad begriffen werden. Denn sie machte nicht nur deutlich, daß – wie es der Chef des Wehrmachtsführungsstabes, Generaloberst Jodl, im Rückblick formuliert hat – „sich der Kriegsgott von Deutschland abgewandt und in das andere Lager begeben hatte", sondern ließ auch erkennen, daß Hitler zu keinem weiterführenden strategischen Entschluß mehr fähig war und sich einer politischen Lösung in egozentrischem Fanatismus entziehen würde.

Das Ausmaß der deutschen Katastrophe wurde nicht zuletzt durch jenen Umstand bestimmt, der in dem von Goebbels aufgegriffenen Schlagwort vom „totalen Krieg" seine verbale Verdichtung gefunden hat: der Integration aller Kräfte in den militärischen Konflikt und der Aufhebung der herkömmlichen Scheidung zwischen kämpfender Front und unbeteiligter Heimat. Im „totalen Krieg", der in der Taktik des Massenbombardements kulminierte, offenbart sich erneut die ideologische Fundierung des Zweiten Weltkriegs. Denn das anfänglich von Hitler praktizierte „Area-Bombing", fragwürdig selbst vom rein militärischen Zweckstandpunkt, erweist sich ebenso als Indiz eines mitleidlosen weltanschaulichen Konflikts wie der vom NS-Regime entfesselte Vernichtungskrieg gegen die Sowjetunion. Wenngleich ebenfalls Ausdruck eines ideologischen Dogmas kommt der – unter dem euphemistischen Tarnbegriff „Endlösung" – mit kalter Methodik betriebenen Liquidierung des europäischen Judentums eine singuläre Qualität an moralischer Indifferenz, radikaler Inhumanität und genocidhafter Dimension zu.

Dem Diktum des Historikers Karl Dietrich Erdmann: „Neben den Namen Belcec, Treblinka und Auschwitz als grausigen Wortsymbolen für das Maß des absolut Bösen, dessen die menschliche Natur fähig ist, steht der Name Dresden", muß insofern widersprochen werden, weil es Unvergleichbares nebeneinander stellt.

Für die Geschichtswissenschaft ist der deutsche Widerstand gegen das Hitler-Regime wohl heute hauptsächlich ein Problem der Deutung und Wertung. Obwohl die Erhellung der faktischen Vorgänge, der chronologischen und personellen Verknüpfungen zu einem durchaus gesicherten Abschluß gelangt ist, stellt die sich im Umkreis der Widerstandsbewegung und ihrer Unternehmungen erhebende ethisch-politische Problematik noch immer eine offenes, von diskrepanten Beurteilungen und Stellungnahmen beherrschtes Feld dar. Das wird sich zwar nach dem Charakter der Problematik wohl kaum ändern, macht aber die Bemühung um eine eigene, begründete Position um so notwendiger.

Der deutsche Widerstand gegen den Nationalsozialismus ist ein sehr komplexes Phänomen: verschieden in Zusammensetzung, Art und Wirksamkeit, doch einig in Absicht und Motiven. Die Opposition gegen Hitler entzündete sich, so vielfältig die Formen der Gegnerschaft auch waren, an wesentlich den gleichen Tatbeständen: Manipulation des Rechts, Aufhebung der geistigen und politischen Freiheit, Verfolgung der politisch und religiös Andersdenkenden, Diskriminierung und Vernichtung des Judentums, Vorbereitung und Entfesselung eines imperialistischen Weltkriegs. Doch die Besonderheiten des totalitären Staates mit seiner allgewaltigen Maschinerie des Terrors und dem allgegenwärtigen Auge der Geheimpolizei lassen es verständlich erscheinen, daß sich die Hoffnungen der zivilen Widerstandsgruppen (besonders des „Kreisauer Kreises" mit v. Moltke, v. Wartenburg, Reichwein, Gerstenmaier), in denen sich Angehörige der früheren Parteien und Gewerkschaften (Leuschner, Leber, Mierendorff, Haubach, Kaiser), der Beamtenschaft (Goerdeler, v. Hassell, v. Trott zu Solz, v. Weizsäcker, Popitz, v. der Schulenburg) und der Geistlichkeit (Bonhoeffer, Wurm, Delp) zusammenfanden, je länger desto ausschließlicher auf die Wehrmacht (Halder, v. Witzleben, v. Stülpnagel, Hoepner, Oster, Rommel, v. Tresckow) richteten, die allein im Besitz realer Machtmittel war. Dieser Umstand macht es auch erklärlich, daß die lange Kette fehlgeschlagener Attentate bis hin zum 20. Juli 1944 vornehmlich in der Initiative der Militärs lag, was jedoch keineswegs rechtfertigen würde, die Betrachtung des deutschen Widerstandes gegen Hitler auf diesen Kreis zu beschränken. Freilich finden sich hier die eindrücklichsten Paradigmen für alle Fragen der Verbindlichkeit und der Grenzen ethischer Normen: ein zentrales Thema jeglichen Widerstandes im totalitären System.

Wenn sich einerseits der Eindruck aufdrängt, daß mit abnehmender Realisierbarkeit oppositioneller Möglichkeiten und dem völligen Wegfall politischer Chancen die ethische Komponente des Widerstandes zum maßgebenden Impuls wurde, so ergibt sich andererseits die Beobachtung, daß Hitler in grenzenloser Verachtung der Wirklichkeit und fanatischem Wahn Einsatzbereitschaft und Idealismus in der Heimat und an der Front gerade im letzten Stadium des Krieges mißbrauchte und mit seiner „Strategie des grandiosen Untergangs" (Fest) sinnlose Opfer heraufbeschwor. Entschlossen, dem Volk die primitivsten Grundlagen des Weiterlebens zu nehmen, und zynisch genug, der geschundenen Nation ihr Versagen vor der Geschichte vorzuwerfen, reichte es am Ende nur zu der wegwerfend-trivialen Bemerkung, „daß nun eben alles im Buddel sei".

Das Problem, das Alan Bullock in seiner Hitler-Biographie sieht, „die katastrophale Größe der Ereignisse und die unbegreifliche Gewöhnlichkeit des Individuums, das sie in Bewegung setzte, zusammenreimen zu sollen", besteht nur scheinbar: das eine schließt das andere nicht aus.

## Hitlers Kriegsziele in West- und Osteuropa

### Arbeitsthemen

1. *Wie begründet Hitler die deutsche militärische Initiative im August 1939? (Nr. 1)*
2. *Aus welchen Motiven und mit welchen Argumenten versucht Hitler in seiner Reichstagsrede vom 19. 7. 1940, sich ein Alibi vor der Weltgeschichte zu verschaffen? (Nr. 2)*
3. *Wie begründet Hitler die Notwendigkeit, England durch die militärische Niederwerfung der Sowjetunion zum Einlenken zu zwingen? (Nr. 3)*
4. *Welche Motive bestimmten Hitler bei seinem Entschluß, die Sowjetunion anzugreifen? (Nr. 4)*
5. *Welche Einschätzung des Ostkrieges entwickelt Hitler in seiner Ansprache an die Wehrmachtsbefehlshaber vom 30. 3. 1941? Welche Forderungen leitet er davon ab? (Nr. 5)*
6. *Welche politisch-psychologischen Schwierigkeiten erwuchsen der nationalsozialistischen Pressélenkung im Zusammenhang mit dem Angriff auf die Sowjetunion? Welche Direktiven ergingen von seiten des Reichspressechefs Dietrich zu ihrer Überwindung? (Nr. 6)*

7. *Welche Anweisungen formuliert der Reichsführer-SS Himmler in seiner Denkschrift vom 25. 5. 1940 für die „Behandlung der Fremdvölkischen" im Osten? Stützen oder widerlegen sie die These vom Nationalsozialismus als der „Realisierung eines biologischen Mythos" (Fessard)? (Nr. 7)*
8. *Welche Überlegungen entwickelt Hitler, der die „Eroberung des Ostraums" wiederholt als „Daseinszweck des Nationalsozialismus" bezeichnete, zur Beherrschung der unterworfenen Völker im Osten? Wie verbindet er seine Unterdrückungsstrategie mit rassistischen Vorurteilen? (Nr. 8)*
9. *Welchen Rückfall in nackte Barbarei enthüllt die im „Generalplan Ost" des SS-Reichssicherheitshauptamtes vorgesehene Verwaltungspraxis gegenüber den jenseits der deutschen Siedlungs- und Staatsgrenze in sog. Reichskommissariaten lebenden Großrussen? (Nr. 9)*
10. *Welche Belastungen ergaben sich aus den Brutalitäten und Massakern der SS- und SD-Einheiten für die kämpfende Front? (Nr. 10)*
11. *In welchen Forderungen Himmlers erscheinen die typischen Züge der SS-Mentalität, die man als „Apotheose der Härte" (H. Buchheim) bezeichnet hat? (Nr. 11)*
12. *Wie erklärt der Historiker Hans Buchheim die Bereitschaft zum und die Solidarität im Vollzug eindeutig verbrecherischer Befehle? (Nr. 12)*

## Materialien

### 1. Hitlers Ansprache vor den Oberbefehlshabern (22. 8. 1939)

Die Gründung Großdeutschlands war politisch eine große Leistung, militärisch war sie bedenklich, da sie erreicht wurde durch einen Bluff der politischen Leitung. Es ist notwendig, das Militär zu erproben. Wenn irgend möglich, nicht in einer Generalabrechnung, sondern bei der Lösung einzelner Aufgaben.
Das Verhältnis zu Polen ist untragbar geworden. Meine bisherige polnische Politik stand im Gegensatz zu der Auffassung des Volkes. Meine Vorschläge an Polen (Danzig und Korridor) wurden durch Eingreifen Englands gestört. Polen änderte seinen Ton uns gegenüber. Spannungszustand auf die Dauer unerträglich. Gesetz des Handelns darf nicht auf andere übergehen. Jetzt ist der Zeitpunkt günstiger als in 2–3 Jahren. Attentat auf mich oder Mussolini könnte Lage zu unseren Ungunsten ändern. Man kann nicht ewig mit gespanntem Gewehr einander gegenüber liegen. Eine von uns vorgeschlagene Kompromißlösung hätte von uns verlangt Gesinnungsänderung und gute Gesten. Man sprach wieder in der Versailler Sprache zu uns. Die Gefahr des Prestige-Verlustes bestand. Jetzt ist die Wahrscheinlichkeit noch groß, daß der Westen nicht eingreift. Wir müssen mit rücksichtsloser Entschlossenheit das Wagnis auf uns nehmen. Der Politiker muß ebenso wie der Feldherr ein Wagnis auf sich nehmen. Wir stehen vor der harten Alternative zu schlagen oder früher oder später mit Sicherheit vernichtet zu werden.
Hinweis auf die früheren Wagnisse.
Man hätte mich gesteinigt, wenn ich nicht Recht behalten hätte. Gefährlichster Schritt war der Einmarsch in die neutrale Zone. Noch acht Tage vorher bekam ich eine Warnung durch Frankreich. Immer habe ich ein großes Wagnis auf mich genommen in der Überzeugung, daß es gelingen könne.
Auch jetzt ist es ein großes Risiko. Eiserne Nerven. Eiserne Entschlossenheit.
Folgende besonderen Gründe bestärken mich in meiner Auffassung: England und Frank-

reich haben sich verpflichtet, beide sind nicht in der Lage dazu. In England ist keine tatsächliche Aufrüstung, sondern nur Propaganda . . .
Wir werden den Westen halten, bis wir Polen erobert haben. Wir müssen uns unserer großen Produktionsleistung bewußt sein. Sie ist noch viel größer als 1914–18.
Der Gegner hatte noch die Hoffnung, daß Rußland als Gegner auftreten würde nach Eroberung Polens. Die Gegner haben nicht mit meiner großen Entschlußkraft gerechnet. Unsere Gegner sind kleine Würmchen. Ich sah sie in München.
Ich war überzeugt, daß Stalin nie auf das englische Angebot eingehen würde. Rußland hat kein Interesse an der Erhaltung Polens, und dann weiß Stalin, daß es mit seinem Regime zu Ende ist, einerlei, ob seine Soldaten siegreich oder geschlagen aus einem Kriege hervorgehen. Litwinows Ablösung war ausschlaggebend. Ich habe die Umstellung Rußland gegenüber allmählich durchgeführt. Im Zusammenhang mit dem Handelsvertrag sind wir in das politische Gespräch gekommen. Vorschlag eines Nichtangriffspakts. Dann kam ein universaler Vorschlag von Rußland. Vor vier Tagen habe ich einen besonderen Schritt getan, der dazu führte, daß Rußland gestern antwortete, es sei zum Abschluß bereit. Die persönliche Verbindung mit Stalin ist hergestellt. Von Ribbentrop wird übermorgen den Vertrag schließen. Nun ist Polen in der Lage, in der ich es haben wollte.
Wir brauchen keine Angst vor Blockade zu haben. Der Osten liefert uns Getreide, Vieh, Kohle, Blei, Zink. Es ist ein großes Ziel, das viel Einsatz fordert. Ich habe nur Angst, daß mir noch im letzten Moment irgendein Schweinehund einen Vermittlungsplan vorlegt. Die politische Zielsetzung geht weiter. Anfang zur Zerstörung der Vormachtstellung Rußlands ist gemacht. Weg für den Soldaten ist frei, nachdem ich die politischen Vorbereitungen getroffen habe.
Die heutige Veröffentlichung des Nichtangriffspaktes mit Rußland hat eingeschlagen wie eine Granate. Auswirkungen sind nicht zu übersehen. Auch Stalin hat gesagt, daß dieser Kurs beiden Ländern zugute kommen wird. Die Einwirkung auf Polen wird ungeheuer sein.

Zit. nach Hans-Adolf Jacobsen, Der Zweite Weltkrieg in Chronik und Dokumenten, 5. Aufl. Darmstadt 1961, S. 116ff.

### 2. Rede Hitlers im Reichstag vom 19. 7. 1940

Mister Churchill hat es soeben wieder erklärt, daß er den Krieg will. Er hat nun vor etwa sechs Wochen mit dem Krieg in dem Raum begonnen, in dem er anscheinend glaubt, wohl besonders stark zu sein, nämlich dem Luftkrieg gegen die Zivilbevölkerung, allerdings unter dem vorgeschobenen Motto gegen sogenannte kriegswichtige Einrichtungen. Diese Einrichtungen sind seit Freiburg offene Städte, Marktflecken und Bauerndörfer, Wohnhäuser, Lazarette, Schulen, Kindergärten und was sonst noch alles getroffen wird. Ich habe bisher darauf kaum antworten lassen. Aber das soll nun nicht bedeuten, daß dies die einzige Antwort ist oder bleiben wird.
Ich bin mir nun darüber im klaren, daß aus dieser unserer einmal kommenden Antwort namenloses Leid und Unglück über die Menschen hereinbrechen wird. Natürlich nicht über Herrn Churchill, denn er wird ja dann sicherlich in Kanada sitzen, dort wohin man ja das Vermögen und die Kinder der vornehmsten Kriegsinteressenten schon gebracht hat. Aber es wird für Millionen anderer Menschen ein großes Leid entstehen. Und Herr Churchill sollte mir dieses Mal vielleicht ausnahmsweise glauben, wenn ich als Prophet jetzt folgendes

ausspreche: Es wird dadurch ein großes Weltreich zerstört werden. Ein Weltreich, das zu vernichten oder auch nur zu schädigen niemals meine Absicht war. Allein ich bin mir darüber im klaren, daß die Fortführung dieses Kampfes nur mit der vollständigen Zertrümmerung des einen der beiden Kämpfenden enden wird. Mister Churchill mag glauben, daß dies Deutschland ist. Ich weiß, es wird England sein.
In dieser Stunde fühle ich mich verpflichtet, vor meinem Gewissen noch einmal einen Appell an die Vernunft auch in England zu richten. Ich glaube dies tun zu können, weil ich ja nicht als Besiegter um etwas bitte, sondern als Sieger nur für die Vernunft spreche. Ich sehe keinen Grund, der zur Fortführung dieses Kampfes zwingen könnte.
Ich bedaure die Opfer, die er fordern wird. Auch meinem eigenen Volk möchte ich sie ersparen. Ich weiß, daß Millionen deutscher Männer und Jünglinge bei dem Gedanken glühen, sich endlich mit dem Feind auseinandersetzen zu können, der ohne jeden Grund uns zum zweitenmal den Krieg erklärte.
Allein ich weiß auch, daß zu Hause viele Frauen und Mütter sind, die trotz höchster Bereitwilligkeit, auch das Letzte zu opfern, doch mit ihrem Herzen an diesem Letzten hängen.
Herr Churchill mag nun diese meine Erklärung wieder abtun mit dem Geschrei, daß dies nur die Ausgeburt meiner Angst sei und meines Zweifels am Endsieg. Ich habe dann eben jedenfalls mein Gewissen erleichtert gegenüber den kommenden Dingen . . .

Zit. nach H. A. Jacobsen, Der Zweite Weltkrieg, a.a.O., S. 154f.

### 3. Hitlers Lagebeurteilung zu Beginn des Jahres 1941

(Führerbesprechung am 9. Januar 1941)

Eine Landung in *England* sei nur dann möglich, wenn die volle Luftherrschaft errungen und in England eine gewisse Lähmung eingetreten sei. Sonst würde sie ein Verbrechen sein. Das englische Kriegsziel bestehe letzten Endes darin, Deutschland auf dem Kontinent zu schlagen. Aber die eigenen Mittel reichten dazu nicht aus. Die britische Kriegsmarine sei infolge ihres Einsatzes auf zwei weit voneinander getrennten Kriegsschauplätzen schwächer denn je, ihre Verstärkung in entscheidendem Ausmaße nicht möglich. Für die britische Luftwaffe machten sich die in der englischen Rohstoffversorgung infolge des Wegfalls der Einfuhr bestehenden Engpässe, vor allem beim Aluminium, und die Auswirkung des deutschen Luft- und Seekrieges auf die englische Industrie sehr nachteilig bemerkbar; die Flugzeugindustrie selbst sei so geschädigt, daß keine Vermehrung, sondern eine Verminderung der Fertigung eingetreten sei. Diese Schädigung durch die deutsche Luftwaffe müsse noch planmäßiger als bisher fortgesetzt werden. Was schließlich das britische Heer anbelange, so komme es als Invasionsarmee nicht in Frage. Was England aufrechthalte, sei die Hoffnung auf die Vereinigten Staaten von Amerika und auf Sowjetrußland, denn die Vernichtung des englischen Mutterlandes sei mit der Zeit unausbleiblich. England hoffe aber durchzuhalten, bis es einen großen kontinentalen Block gegen Deutschland zusammengebracht habe. Die diplomatischen Vorbereitungen hierzu seien klar zu erkennen.
Stalin, der Herr *Rußlands,* sei ein kluger Kopf; er werde nicht offen gegen Deutschland auftreten, man müsse aber damit rechnen, daß er in für Deutschland schwierigen Situationen in wachsendem Maße Schwierigkeiten machen werde. Er wolle das Erbe des verarmten Europas antreten, habe auch Erfolge nötig und sei von dem Drange nach dem Westen

beseelt. Er sei sich auch völlig darüber klar, daß nach einem vollen Siege Deutschlands die Lage der Sowjetunion sehr schwierig werden würde.
Die Möglichkeit eines russischen Eingreifens in den Krieg halte die Engländer aufrecht. Sie würden das Rennen erst aufgeben, wenn diese letzte kontinentale Hoffnung zertrümmert sei. Er glaube nicht, daß die Engländer „sinnlos toll" seien; wenn sie keine Möglichkeit mehr sähen, den Krieg zu gewinnen, dann würden sie aufhören. Denn wenn sie den Krieg verlören, würden sie nicht mehr die Kraft haben, das Empire zusammenzuhalten. Wenn sie sich aber halten und 40 bis 50 Divisionen aufstellen könnten und die USA und Rußland ihnen helfen würden, dann würde für Deutschland eine sehr ernste Lage entstehen. Das dürfe nicht geschehen.
Bisher habe er nach dem Grundsatz gehandelt, immer die wichtigsten feindlichen Positionen zu zerschlagen, um einen Schritt weiterzukommen. Daher müsse nunmehr Rußland zerschlagen werden. Entweder gäben die Engländer dann nach oder Deutschland würde den Kampf gegen Großbritannien unter günstigsten Umständen weiterführen. Die Zertrümmerung Rußlands würde es auch Japan ermöglichen, sich mit allen Kräften gegen die USA zu wenden. Das würde die letzteren vom Kriegseintritt abhalten . . .

Zit. nach Walther Hofer, Der Nationalsozialismus – Dokumente, a. a. O., S. 246 f.

## 4. Hitler und das Unternehmen „Barbarossa"

Es war Hitler mit den ihm 1940 zur Verfügung stehenden Machtmitteln nicht möglich, die im Juni vermeintlich so nahe entscheidende politische Voraussetzung für den Eroberungszug nach Osten tatsächlich zu schaffen. Im Gegenteil: der Krieg im Westen drohte durch das immer stärkere Engagement der USA im Zuge der konsequenten Politik Roosevelts seit Mai-Juni 1940 eine Ausweitung zu erfahren, die schließlich in einen Material- und Produktionskrieg wie 1914/18 führen mußte, dem Deutschland auch in seiner erweiterten kontinentaleuropäischen Bastion auf die Dauer nicht gewachsen war, den Hitler daher durch den improvisierten Plan eines „Blitzkrieges" im großen Maßstab zu verhindern suchte. In dieser Situation, die sich im Westen von Monat zu Monat weiter gegen ihn entwickelte, wurde die Eroberung des europäischen Rußland, bisher das große Ziel des „Programms" und der Gesamtstrategie Hitlers, nun zugleich zum Mittel, den Krieg im Westen zu seinen Gunsten zu wenden oder zumindest durch den Aufbau eines blockadefesten kontinentaleuropäischen „Großraums" die nach Hitlers Auffassung wichtigste machtpolitische und wehrwirtschaftliche Voraussetzung für die Behauptung Deutschlands in einem neuen „Weltkrieg" zu schaffen.
Die Zerschlagung der Sowjetunion schien Hitler nun auch notwendig, um seine wachsende wirtschaftliche und politische Abhängigkeit vom Wohlwollen Stalins abzuschütteln, da er bei der zu erwartenden Zunahme der Schwierigkeiten im Kriege gegen die (faktisch bereits miteinander verbündeten) angelsächsischen Mächte eine „Erpressertaktik" des Gegenspielers befürchtete. Zwar widersprach dessen nüchterner, vollkommen rationaler politischer Kalkül völlig seinem eigenen sprunghaft vorwärtsdrängenden, trotz Beimischung kurzsichtig rationaler Elemente im Kern irrationalen, von „mythischen" Vorstellungen geprägten politischen Denken. Jedoch erfaßte er durchaus – nicht zuletzt dank der Enthüllung der sowjetischen Fernziele durch Molotow bei seinem Besuch in Berlin im November 1940 – die politische Konzeption Stalins, der danach strebte, nach Erschöpfung der deutschen Kräfte

im Westkrieg im möglichst risikolosen Vorstoß nach Westen neue Positionen in Nord-, Ostmittel- und Südosteuropa mit Blick auf die Nachkriegssituation gegenüber den siegreichen angelsächsischen Mächten zu gewinnen.
Hitlers Unrast, seine Vorstellung, daß die Zeit gegen ihn arbeite, auf der einen und Stalins ruhiges Zuwarten, sein langfristiges Kriegsziel-„Programm" ohne terminmäßige Bindungen, auf der anderen Seite, die ein völlig eindeutiges Urteil über das unterschiedliche staatsmännische Format der beiden großen Gegenspieler erlauben, sind indessen nicht nur aus der Verschiedenartigkeit des politischen Temperaments herzuleiten, auch nicht allein aus festliegenden machtpolitischen oder ideologischen Kriegskonzeptionen zu erklären, vielmehr ergaben sich der Zwang zum Handeln auf seiten Hitlers und die Möglichkeit zu umsichtigem Abwarten auf seiten Stalins wesentlich aus der Situation Deutschlands und der Sowjetunion im europäischen Krieg, der sich ohne ein „Handeln" Hitlers auf die Dauer gesehen zu seinen Ungunsten entwickeln mußte, während gerade ein solcher Ablauf des Geschehens von Stalin im Interesse der sowjetischen Ziele einkalkuliert werden konnte, ohne daß er selbst in den Krieg einzugreifen brauchte. Hitler befand sich, seit sein Angriff auf Polen die Kriegserklärung Großbritanniens ausgelöst hatte, die sein politisch-militärisches „Programm" in einem Grundaxiom traf, in einer Zwangslage, aus der ihn – entgegen seinen Erwartungen – auch der Triumph über Frankreich nicht befreit hatte, da es ihm nicht gelungen war, den „Ausgleich" mit Großbritannien doch noch zu finden.
Hitlers festliegendes Grundurteil über die Schwäche des Sowjetsystems und speziell der Roten Armee, das ihm die leichte Durchführbarkeit eines „Blitzkrieges" gegen die Sowjetunion im Stile des Polen- oder Frankreich-Feldzuges als Ausweg aus dem politischen und strategischen Dilemma im Westkrieg und damit als Schlüssel zum Erfolg im Gesamtkrieg erscheinen ließ, sah sich durch das ähnliche Urteil der „Experten" bestätigt. Dies rührt an die wohl folgenreichste Komponente der deutschen „Kontinuität des Irrtums" in der Überschätzung der eigenen und der Unterschätzung der Stärke der Gegner. So wurde in den im Herbst 1940 entworfenen improvisierten Kriegsplan Hitlers, der von dem Zwang bestimmt war, bis 1942 die Lage in Europa und den angrenzenden Räumen Vorderasiens und Nordafrikas „endgültig" zu seinen Gunsten zu klären, um allen Eventualitäten mit Blick auf die USA gewachsen zu sein, nicht einmal die Möglichkeit einer längeren Dauer des Ostfeldzuges einbezogen, sondern alles auf eine Karte gesetzt. Es blieb nur „Sieg" oder katastrophaler Ausgang des Ostkrieges und damit zugleich des Gesamtkrieges als „Alternative" des – von Hitler seit 1938 stufenweise immer mehr gesteigerten und nun im Weltmaßstab eingeleiteten – Vabanque-Spiels übrig. Sein „Sinn" bestand darin, durch eine Serie von kleinen oder größeren „Blitzkriegen" den gefürchteten „großen" Krieg gleichsam zu „unterlaufen" und dennoch das entscheidende Ziel, die Aufrichtung und dauerhafte Beherrschung eines autarken, blockadefesten, verteidigungsfähigen und der Führungsmacht Deutschland eine reale „Unabhängigkeit" gewährenden „Großraums" zu erreichen.

Aus: Andreas Hillgruber, Hitlers Strategie – Politik und Kriegführung 1940–1941, Ffm. 1965, S. 571 ff.

## 5. Hitlers Ansprache an die Befehlshaber der Wehrmacht vom 30. 3. 1941

11.00 Generalversammlung beim Führer: Fast 2½stündige Ansprache: Lage nach dem 30. 6. (1940). Fehler Englands, die Möglichkeit eines Friedens auszuschlagen. Schilderung der

weiteren Ereignisse. Scharfe Kritik an italienischer Kriegführung und Politik. Vorteile für Englands Lage aus den Mißerfolgen Italiens ...
England setzt seine Hoffnung auf Amerika und Rußland. Höchstleistung erst in 4 Jahren; Transportprobleme Rußlands. Rolle und Möglichkeiten. Begründung der Notwendigkeit, die russische Lage zu bereinigen. Nur so werden wir in der Lage sein, in zwei Jahren materiell und personell unsere Aufgaben in der Luft und auf den Weltmeeren zu meistern, wenn wir die Landfragen endgültig und gründlich lösen. Unsere Aufgaben gegenüber Rußland: Wehrmacht zerschlagen, Staat auflösen ...
Kampf zweier Weltanschauungen gegeneinander. Vernichtendes Urteil über Bolschewismus; ist gleich soziales Verbrechertum. Kommunismus ungeheure Gefahr für die Zukunft. Wir müssen vom Standpunkt des soldatischen Kameradentums abrücken. Der Kommunist ist vorher kein Kamerad und nachher kein Kamerad. Es handelt sich um einen Vernichtungskampf. Wenn wir es nicht so auffassen, dann werden wir zwar den Feind schlagen, aber in 30 Jahren wird uns wieder der kommunistische Feind gegenüberstehen. Wir führen nicht Krieg, um den Feind zu konservieren.
Künftiges Staatenbild: Nordrußland gehört zu Finnland. Protektorate Ostseeländer, Ukraine, Weißrußland.
Kampf gegen Rußland: Vernichtung der bolschewistischen Kommissare und der kommunistischen Intelligenz. Die neuen Staaten müssen sozialistische Staaten sein, aber ohne eigene Intelligenz. Es muß verhindert werden, daß eine neue Intelligenz sich bildet. Hier genügt eine primitive sozialistische Intelligenz. Der Kampf muß geführt werden gegen das Gift der Zersetzung. Das ist keine Frage der Kriegsgerichte. Die Führer der Truppe müssen wissen, worum es geht. Sie müssen in dem Kampf führen. Die Truppe muß sich mit den Mitteln verteidigen, mit denen sie angegriffen wird. Kommissare und GPU-Leute sind Verbrecher und müssen als solche behandelt werden. Deshalb braucht die Truppe nicht aus der Hand der Führer zu kommen. Der Führer muß seine Anordnungen im Einklang mit dem Empfinden der Truppe treffen.
Der Kampf wird sich sehr unterscheiden vom Kampf im Westen. Im Osten ist Härte mild für die Zukunft. Die Führer müssen von sich das Opfer verlangen, ihre Bedenken zu überwinden.

Zit. aus: Generaloberst Halder, Kriegstagebuch, Bd. II, Stuttgart 1963, S. 335 ff.

### 6. Psychologische Vorbereitung des Volkes auf die Vernichtung des Bolschewismus

Rußland 22.6.1941
Das Wichtigste aus den Richtlinien der Pressekonferenz von 11 Uhr
Der Reichspressechef Dr. Dietrich machte es der gesamten deutschen Presse zur Pflicht, gerade in den nächsten Tagen und Wochen das Volk psychologisch umzustellen auf die Vernichtung des Bolschewismus ...
Aus einem Wust von politischen und militärischen Richtlinien zum großen Ostfeldzug gebe ich nachstehend die wichtigsten Punkte wieder, die in den nächsten Wochen beachtet werden müssen:
In der deutschen Bevölkerung ist das Echo folgendes: Wir dachten, der Krieg ist in diesem Jahr zu Ende, jetzt gibt es dagegen eine neue Front, das Kriegsende ist nicht abzusehen. Demgegenüber kann in den nächsten Tagen hervorgehoben werden, daß der volle Einsatz

der deutschen Kampfkraft im Westen unmöglich war, solange im Osten eine unbekannte Größe stand, die uns jederzeit in den Rücken fallen konnte. Die weitere öffentliche Meinung geht dahin, daß jetzt dem deutschen Volk erneut eine Schwenkung zugemutet wird. Erst war man antibolschewistisch, dann hielt man Burgfrieden mit den Sowjets und jetzt ist man wieder antibolschewistisch. Hinsichtlich dieser Meinung muß psychologisch sehr vorsichtig vorgegangen werden. Es ist natürlich noch nicht möglich, heute sofort wieder die antibolschewistische Linie der Propaganda der Reichsparteitage einzubringen. Vielmehr muß in einer Reihe von Übergangstagen ruhig darauf hingewiesen werden, daß Deutschland zwei Jahre gegenüber dem Bolschewismus geschwiegen hat aus politischer Vernunft. In den zwei Jahren ist sehr viel passiert, was nunmehr im Kampf gegen den Bolschewismus nachrichtlich nachgeholt werden soll. Außerdem, und das wäre die weitere Stufe der Propaganda, sind Plutokratie und Bolschewismus gleichen Ursprungs, nämlich jüdischen Ursprungs. Sie haben immer zum Schaden Deutschlands zusammengearbeitet. 1918 in Versailles und in der roten Revolte, im spanischen Bürgerkrieg und bei tausend anderen Anlässen bis jetzt. Die entsprechenden Propagandastellen werden den Zeitungen ein unerschöpfliches Material in dieser Hinsicht zur Verfügung stellen. Es soll gut ausgewertet werden mit populären Parolen usw. Es handelt sich nicht darum, große Broschüren zu schreiben, sondern die Dinge aktuell zu behandeln . . .

Zit. aus: Mißtrauische Nachbarn – Deutsche Ostpolitik – Dokumente und Analyse, hrsg. von H. A. Jacobsen, Düsseldorf 1970, S. 149ff.

### 7. Einige Gedanken über die Behandlung der Fremdvölkischen im Osten

(Aus der Denkschrift des Reichsführers SS Himmler vom 25. 5. 1940)

Bei der Behandlung der Fremdvölkischen im Osten müssen wir darauf sehen, soviel wie möglich einzelne Völkerschaften anzuerkennen und zu pflegen, also neben den Polen und Juden die Ukrainer, die Weißrussen, die Goralen, die Lemken und die Kaschuben. Wenn sonst noch irgendwo Volkssplitter zu finden sind, auch diese.

Ich will damit sagen, daß wir nicht nur das größte Interesse daran haben, die Bevölkerung des Ostens nicht zu einen, sondern im Gegenteil in möglichst viele Teile und Splitter zu zergliedern . . .

Eine grundsätzliche Frage bei der Lösung aller dieser Probleme ist die Schulfrage und damit die Frage der Sichtung und Siebung der Jugend. Für die nichtdeutsche Bevölkerung des Ostens darf es keine höhere Schule geben als die vierklassige Volksschule. Das Ziel dieser Volksschule hat lediglich zu sein:

Einfaches Rechnen bis höchstens 500, Schreiben des Namens, eine Lehre, daß es ein göttliches Gebot ist, den Deutschen gehorsam zu sein und ehrlich, fleißig und brav zu sein. Lesen halte ich nicht für erforderlich. Außer dieser Schule darf es im Osten überhaupt keine Schulen geben . . .

Die Eltern der Kinder guten Blutes werden vor die Wahl gestellt, entweder das Kind herzugeben – sie werden dann wahrscheinlich keine weiteren Kinder mehr erzeugen, so daß die Gefahr, daß dieses Untermenschenvolk des Ostens durch solche Menschen guten Blutes eine für uns gefährliche, da ebenbürtige Führerschicht erhält, erlischt – oder die Eltern verpflichten sich, nach Deutschland zu gehen und dort loyale Staatsbürger zu werden . . .

Die Bevölkerung des Generalgouvernements setzt sich dann zwangsläufig nach einer konse-

quenten Durchführung dieser Maßnahmen im Laufe der nächsten zehn Jahre aus einer verbleibenden minderwertigen Bevölkerung, die noch durch abgeschobene Bevölkerung der Ostprovinzen sowie all der Teile des deutschen Reiches, die dieselbe rassische und menschliche Art haben (Teile zum Beispiel der Sorben und Wenden), zusammen.
Diese Bevölkerung wird als führerloses Arbeitsvolk zur Verfügung stehen und Deutschland jährlich Wanderarbeiter und Arbeiter für besondere Arbeitsvorkommen (Straßen, Steinbrüche, Bauten) stellen; sie wird selbst dabei mehr zu essen und zu leben haben als unter der polnischen Herrschaft und bei eigener Kulturlosigkeit unter der strengen, konsequenten und gerechten Leitung des deutschen Volkes berufen sein, an dessen ewigen Kulturtaten und Bauwerken mitzuarbeiten und diese, was die Menge der groben Arbeit anlangt, vielleicht erst ermöglichen . . .

Zit. aus: Mißtrauische Nachbarn, a. a. O., S. 141 f.

### 8. Hitlers Überlegungen zur Beherrschung der unterworfenen Völker im Osten (11. 4. 1942)

Für die Beherrschung der von uns im Osten des Reichs unterworfenen Völker müsse es deshalb oberster Grundsatz sein, den Wünschen nach individueller Freiheit weitgehendst zu entsprechen, jede staatliche Organisation zu vermeiden und die Angehörigen dieser Völkerschaften dadurch auf einem möglichst niedrigen Kulturniveau zu halten.
Man müsse stets davon ausgehen, daß diese Völker uns gegenüber in erster Linie die Aufgabe haben, uns wirtschaftlich zu dienen. Es müsse daher unser Bestreben sein, mit allen Mitteln wirtschaftlich aus den besetzten russischen Gebieten herauszuholen, was sich herausholen lasse. Einen Anreiz zur Ablieferung ihrer landwirtschaftlichen Erzeugnisse und zur Zurverfügungstellung ihrer Arbeitskraft im Bergbau und in der Rüstungsfabrikation könne man dadurch für sie in ausreichendem Maße schaffen, daß man ihnen Industrieprodukte und so weiter nach Wunsch in Verkaufsmagazinen zum Kauf bereithalte.
Wenn man sich darüber hinaus um das Wohl jedes einzelnen kümmern wolle, so würde man ohne eine Staatsorganisation nach dem Muster unserer staatlichen Verwaltung nicht auskommen und lediglich Haß gegen uns erzeugen. Denn je primitiver die Menschen seien, desto stärker empfänden sie jede Einschränkung ihrer persönlichen Freiheit als Zwang. Hinzu komme, daß man ihnen mit einer staatlichen Verwaltungsorganisation eine Möglichkeit an die Hand gebe, sich zu einer großen Einheit zusammenzufinden und diese Organisation eventuell sogar gegen uns zum Einsatz zu bringen. Das höchste, was man ihnen an Verwaltungsorganisation zugestehen könne, sei deshalb die Gemeindeverwaltung, und auch die nur insoweit, als es zur Erhaltung der Arbeitskraft, das heißt zur Sicherstellung der täglichen Bedürfnisse des einzelnen, erforderlich sei.
Auch die Bildung von Dorfgemeinschaften müsse man aber so gestalten, daß sich keine Gemeinsamkeiten zwischen benachbarten Dorfgemeinschaften herausbilden könnten. Auf jeden Fall sei deshalb die Schaffung einheitlicher Kirchen für größere russische Gebietsteile zu verhindern. In unserem Interesse könne es lediglich liegen, wenn jedes Dorf seine eigene Sekte habe, die ihre eigenen Gottesvorstellungen entwickle. Selbst wenn sich auf diese Weise in einzelnen Dörfern Zauberkulte, wie bei den Negern und Indianern, bilden sollten, könnten wir das nur begrüßen, weil es die Zahl der trennenden Momente im russischen Raum nur vermehre.
Wenn er vorhin gesagt habe, daß jeder Aufbau einer großen Staatsverwaltung zu unterbleiben habe und unsere Kommissare sich dort lediglich mit der Beaufsichtigung und Wirt-

schaftslenkung zu befassen hätten, so sei damit selbstverständlich auch jede andere Organisationsform für die unterworfenen Völker verneint.
Es solle daher ja kein Lehrer daherkommen und plötzlich den Schulzwang für die unterworfenen Völker verkünden wollen. Kenntnisse der Russen, Ukrainer, Kirgisen und so weiter im Lesen und Schreiben könnten uns nur schaden. Denn sie ermöglichten es helleren Köpfen, sich ein gewisses Geschichtswissen zu erarbeiten und damit zu politischen Gedankengängen zu kommen, die irgendwie immer ihre Spitze gegen uns haben müßten.
Es sei viel besser, in jedem Dorf einen Radiolautsprecher aufzustellen, um den Menschen auf diese Weise Neuigkeiten zu erzählen und Unterhaltungsstoff zu bieten, als sie zur selbständigen Erlangung politischer, wissenschaftlicher und so weiter Erkenntnisse zu befähigen. Man solle es sich daher auch ja nicht einfallen lassen, den unterworfenen Völkern im Radio Dinge über ihre Vorgeschichte zu erzählen, man müsse ihnen vielmehr durch den Rundfunk Musik und noch einmal Musik vermitteln. Denn lustige Musik fördere die Arbeitsfreude. Und wenn die Leute viel tanzen könnten, so werde auch das nach unseren Erfahrungen in der Systemzeit allgemein begrüßt werden.
Das einzige, was in den besetzten russischen Gebieten organisiert werden müsse, sei der Verkehr. Denn die verkehrsmäßige Aufschließung des Landes sei eine der wesentlichsten Vorbedingungen zu seiner Beherrschung und wirtschaftlichen Ausnutzung. Das Verkehrspunkt-System müßten deshalb auch die Unterworfenen lernen. Das sei aber auch das einzige Gebiet, auf dem man sie von uns aus „bilden" müsse.
Was die Hygiene der unterworfenen Bevölkerung angehe, so könnten wir kein Interesse daran haben, ihnen unsere Erkenntnisse zu vermitteln und dadurch ihnen eine von ihnen absolut nicht gewünschte Basis für einen ungeheuren Bevölkerungszuwachs zu geben. Er verbiete deshalb, für diese Gebiete Sauberkeitsaktionen unserer Art durchzuführen. Auch der Impfzwang dürfe in ihnen nur für Deutsche gelten. Deutsche Ärzte seien nur für die Behandlung Deutscher in den deutschen Siedlungen einzusetzen. Auch sei es Unsinn, die unterworfenen Völkerschaften mit unserem Wissen auf dem Gebiet der Zahnheilkunde beglücken zu wollen. Man müsse dabei aber vorsichtig zu Werke gehen, damit unsere Tendenz nicht auffalle. Wenn also ein Zahnkranker absolut von einem Arzt behandelt sein wolle, gut, dann müsse man auch einmal eine Ausnahme machen.
Der größte Unsinn, den man in den besetzten Ostgebieten machen könne, sei der, den unterworfenen Völkern Waffen zu geben. Die Geschichte lehre, daß alle Herrenvölker untergegangen seien, nachdem sie den von ihnen unterworfenen Völkern Waffen bewilligt hätten.
Ja, man könne geradezu sagen, daß die Auslieferung von Waffen an die unterworfenen Völker eine conditio sine qua non für den Untergang der Herrenvölker sei. Es sei deshalb nötig, daß wir die Aufrechterhaltung der Sicherheit und Ordnung durch eigene Truppen im gesamten besetzten russischen Raum gewährleisten. Die besetzten Ostgebiete müßten deshalb von einem Netz von Militärstützpunkten durchzogen sein. Alle Deutschen, die in diesem Raum leben, müßten persönlichen Kontakt mit ihnen haben, das heißt, sich persönlich mit ihnen verbunden fühlen. Im übrigen müßten sie so straff organisiert sein, daß eine auf weite Sicht hinaus geplante deutsche Siedlungspolitik einen immer stärker werdenden deutschen Volkstumskeil in den von uns unterworfenen Raum vortreiben könne.

Aus: Hitlers Tischgespräche im Führerhauptquartier 1941/42, hrsg. von P. E. Schramm, 2. Aufl. Stuttgart 1965, S. 270ff.

## 9. Aus dem „Generalplan Ost“ des Reichssicherheitshauptamtes (1941/42)

Wege, die zur Zerstörung der biologischen Kraft eines Volkes führen, gibt es viele . . . Das Ziel einer deutschen Bevölkerungspolitik im russischen Raum wird sein müssen, die Geburtenziffern auf ein Maß zu bringen, das unter der deutschen Geburtenziffer liegt . . . Um in den Ostgebieten nicht zu einer für uns unerträglichen Vermehrung der Bevölkerung zu kommen, ist es dringend notwendig, alle die Mittel im Osten zu unterlassen, die wir im Reich zur Erhöhung der Geburtenziffer angewandt haben. Wir müssen in den betreffenden Gebieten eine bewußt negative Bevölkerungspolitik treiben. Durch Propagandamaßnahmen, insbesondere durch Presse, Rundfunk, Kino, Handzettel, kurze Broschüren, Aufklärungsvorträge und dergleichen, muß der Bevölkerung immer wieder der Gedanke eingeredet werden, wie schädlich es ist, sich viele Kinder anzuschaffen. Es muß einmal auf die Kosten hingewiesen werden, die Kinder machen, dann auf das, was man sich dafür hätte anschaffen können. Es können die großen gesundheitlichen Gefahren, die der Frau bei Geburten entstehen können, angedeutet werden und dergleichen. Neben dieser Propaganda muß eine großzügige Propaganda für Verhütungsmittel ins Land gehen. Eine Industrie für derartige Mittel muß eigens geschaffen werden. Strafbar darf weder das Anpreisen und Verbreiten von Verhütungsmitteln noch die Abtreibung sein. Man sollte die Einrichtung von Abtreibungsinstituten durchaus fördern. Man kann z.B. Hebammen oder Feldscherinnen zu Abtreiberinnen ausbilden. Je sachgemäßer die Abtreibungen vorgenommen werden, desto mehr wird die Bevölkerung hierzu Vertrauen gewinnen. Auch der Arzt muß selbstverständlich zu diesen Handlungen befugt sein, ohne daß hier ein Verstoß gegen die ärztliche Standesehre in Betracht kommt. Die freiwillige Sterilisierung ist gleichfalls zu propagandieren. Die Säuglingssterblichkeit darf nicht bekämpft werden. Auch Aufklärung der Mütter über Säuglingsfürsorge und Kinderkrankheiten darf nicht erfolgen. Es muß versucht werden, die Ausbildung der russischen Ärzte auf diesen Gebieten so gering wie möglich erfolgen zu lassen. Kinderheime und dergleichen dürfen nicht gefördert werden. Neben diesen negativen Maßnahmen auf gesundheitlichem Gebiet darf nicht etwa die Ehescheidung besonders erschwert werden. Für uneheliche Kinder sollen keine besonderen Maßnahmen getroffen werden. Steuererleichterungen für Kinderreiche, Kinderzulagen wie überhaupt alle Maßnahmen, die Kinderreiche bevorzugen, müssen vermieden werden . . . Daß man bei systematischer Anwendung der oben dargelegten Mittel erhebliche Erfolge in der Schwächung des russischen Volkskörpers erzielen wird können, liegt auf der Hand. Dabei sind wir durchaus in der Lage, bei einem zu radikalen Geburtenrückgang, der die Existenz des Russentums auf das Spiel stellen würde, jederzeit einzugreifen, indem wir diese oder jene Maßnahme aufheben. An einer völligen biologischen Vernichtung des Russentums können wir jedenfalls so lange kein Interesse haben, als wir nicht selbst in der Lage sind, mit unseren Menschen den Raum zu füllen. Denn sonst würden andere Völker diesen Raum einnehmen, was gleichfalls nicht in unserem Interesse liegen würde. Unser Ziel bei der Durchführung dieser Maßnahmen ist nur, das Russentum so zu schwächen, daß es uns nicht mehr durch die Masse seiner Menschen überwuchern kann . . .

Zit. nach Wolfgang Marienfeld, Konferenzen über Deutschland, Teil I (1941–1944), Hannover 1962, S. 11 f.

## 10. Generalmajor Hellmuth Stieff in einem Privatbrief aus Polen (31. 10. 1939)

Die Masse der Millionenbevölkerung der Stadt (Warschau) vegetiert irgendwo und irgendwie, man kann nicht sagen wovon. Es ist eine unsagbare Tragödie, die sich dort abspielt . . . Es ist eine Stadt und eine Bevölkerung, die dem Untergang geweiht ist. Es ist so grausam, daß man keinen Augenblick seines Lebens froh ist, wenn man in dieser Stadt weilt . . . Man bewegt sich dort nicht als Sieger, sondern als Schuldbewußter! Mir geht es nicht allein so, – die Herren, die dort leben müssen, empfinden dasselbe. Dazu kommt noch all das Unglaubliche, was dort am Rande passiert und wo wir mit verschränkten Armen zusehen müssen! Die blühendste Phantasie einer Greuelpropaganda ist arm gegen die Dinge, die eine organisierte Mörder-, Räuber- und Plündererbande unter angeblich höchster Duldung dort verbricht. Da kann man nicht mehr von „berechtigter Empörung über an Volksdeutschen begangenen Verbrechen" sprechen. Diese Ausrottung ganzer Geschlechter mit Frauen und Kindern ist nur von einem Untermenschentum möglich, das den Namen Deutsch nicht mehr verdient. Ich schäme mich, ein Deutscher zu sein! Diese Minderheit, die durch Morden, Plündern und Sengen den deutschen Namen besudelt, wird das Unglück des ganzen deutschen Volkes werden, wenn wir ihnen nicht bald das Handwerk legen. Denn solche Dinge, wie sie mir von kompetentester Seite an Ort und Stelle geschildert und bewiesen wurden, müssen die rächende Nemesis wachrufen. Oder dies Gesindel geht gegen uns Anständige eines Tages ebenso vor und terrorisiert mit seinen pathologischen Leidenschaften auch das eigene Volk . . .

Zit. nach Wolfgang Marienfeld, Konferenzen über Deutschland, a. a. O., S. 9f.

## 11. Himmlers Posener Rede vor SS-Gruppenführern (4. 10. 1943)

Es ist grundfalsch, wenn wir unsere ganze harmlose Seele mit Gemüt, wenn wir unsere Gutmütigkeit, unseren Idealismus in fremde Völker hineintragen. Das gilt, angefangen von Herder, der die „Stimmen der Völker" wohl in einer besoffenen Stunde geschrieben hat und uns, den Nachkommen, damit so maßloses Leid und Elend gebracht hat. Das gilt, angefangen bei den Tschechen und Slowenen, denen wir ja ihr Nationalgefühl gebracht haben. Sie selber waren dazu gar nicht fähig, sondern wir haben das für sie erfunden.
Ein Grundsatz muß für den SS-Mann absolut gelten: ehrlich, anständig, treu und kameradschaftlich haben wir zu Angehörigen unseres eigenen Blutes zu sein und zu sonst niemandem. Wie es den Russen geht, wie es den Tschechen geht, ist mir total gleichgültig. Das, was in den Völkern an gutem Blut unserer Art vorhanden ist, werden wir uns holen, indem wir ihnen, wenn notwendig, die Kinder rauben und sie bei uns großziehen. Ob die anderen Völker im Wohlstand leben oder ob sie verrecken vor Hunger, das interessiert mich nur soweit, als wir sie als Sklaven für unsere Kultur brauchen, anders interessiert mich das nicht. Ob bei dem Bau eines Panzergrabens 10 000 russische Weiber an Entkräftung umfallen oder nicht, interessiert mich nur insoweit, als der Panzergraben für Deutschland fertig wird. Wir werden niemals roh und herzlos sein, wo es nicht sein muß; das ist klar. Wir Deutsche, die wir als einzige auf der Welt eine anständige Einstellung zum Tier haben, werden ja auch zu diesen Menschentieren eine anständige Einstellung einnehmen, aber es ist ein Verbrechen gegen unser eigenes Blut, uns um sie Sorge zu machen und ihnen Ideale zu bringen, damit

unsere Söhne und Enkel es noch schwerer haben mit ihnen. Wenn mir einer kommt und sagt: „Ich kann mit den Kindern oder den Frauen den Panzergraben nicht bauen. Das ist unmenschlich, denn dann sterben die daran", – dann muß ich sagen: „Du bist ein Mörder an Deinem eigenen Blut, denn, wenn der Panzergraben nicht gebaut wird, dann sterben deutsche Soldaten, und das sind Söhne deutscher Mütter. Das ist unser Blut." Das ist das, was ich dieser SS einimpfen möchte und – wie ich glaube – eingeimpft habe, als eines der heiligsten Gesetze der Zukunft: Unsere Sorge, unsere Pflicht, ist unser Volk und unser Blut; dafür haben wir zu sorgen und zu denken, zu arbeiten und zu kämpfen, und für nichts anderes. Alles andere kann uns gleichgültig sein. Ich wünsche, daß die SS mit dieser Einstellung dem Problem aller fremden, nicht germanischen Völker gegenübertritt, vor allem den Russen. Alles andere ist Seifenschaum, ist Betrug an unserem eigenen Volk und ist ein Hemmnis zu einer früheren Gewinnung des Krieges.

Zit. nach Hans Buchheim, Befehl und Gehorsam, in: Anatomie des SS-Staates, Band I, Freiburg 1965, S. 295 ff.

## 12. Verbrechen und Solidarität

Es bleibt die Frage offen, warum Menschen, die an sich keine verbrecherischen Neigungen besitzen, regelmäßig an der Ausführung verbrecherischer Befehle teilnahmen, ohne ernsthaft Wege zu suchen, davon dispensiert zu werden. Zur Begründung der Antwort muß man von der allgemeinen Erfahrung ausgehen, daß der Mensch von Natur aus bestrebt ist, sich in seiner sozialen Umwelt zu bewähren und deren fundamentalen Anschauungen und Verhaltensregeln zu entsprechen. Dieses Bestreben ist auch dann nicht unbedingt moralisch zu verwerfen, wenn der einzelne dabei teilweise gegen seine eigene Überzeugung handelt. Denn er wird im allgemeinen in weitgehendem Maße auf seine soziale Umwelt angewiesen sein, und es ist auch denkbar, daß er sich nur deswegen fügt, weil er meint, in der Erkenntnis des Richtigen selbst nicht weit genug fortgeschritten zu sein. So kann etwa ein überzeugter Kommunist gewisse Forderungen, die die Partei an ihn stellt, zwar für moralisch nicht vertretbar halten, er kann dabei aber aufgrund seiner Gesamtüberzeugung von der Richtigkeit des Kommunismus und im Vertrauen auf die Moralität seiner Führer zu der Ansicht kommen, daß seine subjektiven Bedenken nur darauf beruhen, daß er im Verständnis der Doktrin noch nicht genügend Fortschritte gemacht habe. Solche Gründe, entgegen persönlichen Überzeugungen den Forderungen der sozialen Umwelt doch zu entsprechen, sind natürlich nur innerhalb sehr enger Grenzen zu rechtfertigen. Jenseits dieser Grenzen, insbesondere aber, wenn offenkundig verbrecherische Handlungen gefordert werden, macht sich der Betroffene schuldig, wenn er nicht den Mut findet, entweder sich zu weigern oder, falls das nicht möglich ist, sich aus seiner Umwelt zu lösen. Schwache Charaktere neigen jedoch dazu, dem sozialen Beharrungsvermögen weit über die gebotenen Grenzen hinaus nachzugeben. *Denn auch wenn keine Strafen drohen, erfordert es erheblichen Mut, sich in seiner sozialen Umwelt „unmöglich" zu machen und sich von ihr zu lösen.* Im normalen Leben hat es gewöhnlich keine besondere Bedeutung, wenn jemand entgegen besserer Einsicht die Kraft nicht findet, sein soziales Beharrungsvermögen zu überwinden; in einer Gemeinschaft wie der SS aber mußte diese Schwäche früher oder später zur Schuldverstrickung führen. Man braucht nicht zu bezweifeln, daß manche Angehörige der verschiedenen Sonderkommandos unter den Maßnahmen litten, die sie durchführen muß-

ten. Größer als dies Leiden jedoch war bei ihnen der Mangel an Mut, zuzugeben, daß sie den Anforderungen der selbstgewählten Gemeinschaft nicht gewachsen waren. So konnte es geschehen, daß sie gar nicht versuchten, dispensiert zu werden, obgleich sich Chancen dafür boten. Eine besonders primitive Form dieses Verhaltens liegt bei denjenigen vor, die einfach keinen Ärger haben wollten und den bequemsten Weg gingen. Obgleich sie es sonst mit dem unbedingten Gehorsam nicht so genau nahmen und sich, wo es nur ging, drückten, nahmen sie den Satz „Befehl ist Befehl" gern als billige Entschuldigung, wo es Unannehmlichkeiten bereitet hätte, sich der Mitwirkung an einem Verbrechen zu entziehen.
Nicht die – objektiv ohnehin unbegründete – Angst, daß schon ein Versuch, von der Teilnahme an verbrecherischen Maßnahmen dispensiert zu werden, das Leben kosten könne; auch nicht die irrige Meinung, daß das Befohlene rechtens sei, dürfte also die Angehörigen der Sonderkommandos veranlaßt haben, den Befehlen Folge zu leisten, sondern ein schuldhaftes soziales Beharrungsvermögen und der Mangel an Mut, sich in ihrer sozialen Umwelt „unmöglich" zu machen und aus dem Rahmen zu fallen. Leicht wäre ein ernsthafter Versuch, sich herauszulösen, ganz gewiß nicht gewesen, lebensgefährlich aber auch nicht.

Aus: Hans Buchheim, Befehl und Gehorsam, a.a.O., S. 366ff.

## Totaler Krieg und „Endlösung"

### Arbeitsthemen

1. *Wie stellt sich die Tragödie von Stalingrad im Urteil eines Überlebenden dar? Welche weichenstellende Bedeutung mißt er ihr zu? (Nr. 1)*
2. *In welcher politisch-militärischen Situation hält Goebbels seine Rede im Berliner Sportpalast? Welche Funktion soll sie erfüllen? Wie werden die zugrunde liegenden Tatbestände verändert? (Nr. 2)*
3. *Wie erklärt Hitler die militärischen Schwierigkeiten des Ostfeldzugs? Welche politischen Pläne knüpft er an einen siegreichen Abschluß? Welche Funktion schreibt er einer deutschen Hegemonialstellung zu? (Nr. 3)*
4. *Auf welchen Voraussetzungen beruht die in der alliierten Forderung nach bedingungsloser Kapitulation vollzogene Identifizierung von deutschem Volk und NS-System? Inwiefern bot sie dem NS-Regime eine willkommene Propagandawaffe? Was sprach dessen ungeachtet für ihre unmißverständliche Verkündung aus alliierter Sicht? (Nr. 4)*
5. *Welche Aufschlüsse hinsichtlich Hitlers „Weltherrschaft" und „neuer Ordnung" vermittelt Himmlers berüchtigte Rede vor den Gauleitern am 3. 8. 1944 in Posen? (Nr. 5)*
6. *Durch welche Tarnvokabeln wird in dem sog. Wannsee-Protokoll der Mordplan gegenüber dem europäischen Judentum, den Eichmann in Jerusalem 1962 als „Tod der Schwachen durch Arbeit und Ermordung der Widerstandsfähigen" gekennzeichnet hat, kaschiert? (Nr. 6)*
7. *Mit welchem Recht wird in der Überschrift von einer „scheinbaren" Prophezeiung gesprochen? (Nr. 7)*
8. *Welche Umstände lassen – nach der Schilderung des Auschwitz-Kommandanten Rudolf Höß – die Charakterisierung der Konzentrationslager als „Endstation zur fabrikmäßigen Liquidierung der Juden" (M. Broszat) gerechtfertigt erscheinen? (Nr. 8)*
9. *Welche partiell veränderte Funktion wurde den nationalsozialistischen Konzentrationslagern im Zusammenhang der Kriegsanstrengungen auferlegt? (Nr. 9)*

## Materialien

### 1. Joachim Wieder: Stalingrad im Urteil eines Überlebenden

Es handelte sich nicht nur um den Verlust einer der besten und stärksten deutschen Armeen, mit der zugleich beträchtliche Teile der gesamten Heeres-Artillerie und der Heeres-Pioniere zugrunde gingen, nicht nur um den Untergang von rund 300000 Menschen, eine Tragödie freilich schon für sich allein, die etwa eine Million Familien in allen deutschen Ländern und in Österreich betraf. Die von Hitler herbeigeführte Katastrophe an der Wolga löste lawinenartig eine ganze Reihe sowjetischer Offensiven aus, in deren Verlauf auch zwei rumänische Armeen, eine italienische und eine ungarische vernichtet wurden. Binnen kurzer Zeit war damit die gesamte Masse unserer an der Ostfront eingesetzten Verbündeten vom russischen Kriegsschauplatz weggefegt. Berücksichtigt man noch die hohen Opfer, die mit der gescheiterten Entsatzoperation und den Verteidigungskämpfen an der blutig aufgerissenen Front verknüpft waren, so ergibt sich aus der Stalingrader Schlacht und den mit ihr zusammenhängenden Ereignissen die fürchterliche Bilanz eines Verlustes von vielen hunderttausend Menschen. Der riesige, 1000 km lange Frontabschnitt zwischen dem Terek und Woronesch war zusammengebrochen, und die Katastrophe hatte über 60 Divisionen und den Bestand einer ganzen Luftflotte verschlungen.
Und dies war keineswegs nur in Hinsicht auf den erheblichen Ausfall an Kampfkraft katastrophal. Die moralischen Auswirkungen der Niederlage auf die eigene Truppe und die Heimat einerseits und auf den in seinem Selbstvertrauen und Kampfwillen gestärkten Gegner andererseits, der die Initiative des Handelns an sich gerissen hatte, die Rückwirkung der Katastrophe auf die innenpolitische Lage und schließlich die außenpolitischen Folgen ließen nicht lange auf sich warten. Wenn man bedenkt, daß es um einen totalen Krieg ging, in dem gerade den seelischen Faktoren ein entscheidendes Gewicht zukommen mußte, dann wird man die Schlacht von Stalingrad doch als etwas durchaus Unerhörtes und über die bisherigen Maße des Geschehens Hinausgehendes, als den offensichtlichen Wendepunkt des letzten Krieges betrachten müssen . . .
Durfte ein so ungeheuerliches Maß unsagbarer Qualen, ein so lang hingezogener grauenvoller Todeskampf, die zunehmende Vergewaltigung der menschlichen Würde überhaupt von Menschen anderen Menschen zugemutet und befohlen werden? War das befohlene Sterben von rund 200000 Menschen nicht von vorneherein schwer vereinbar mit dem Sittengesetz? Mußte nicht ein wirklich kriegsentscheidender Nutzen mit einem so unerhörten Einsatz verbunden sein? Hätte nicht ein viel tieferes, umfassenderes Verantwortungsbewußtsein für das Todesurteil einer ganzen Armee bestimmend sein sollen? Durfte und konnte ein solches Riesenopfer dazu dienen, ein – vielleicht auf die Dauer gar illusorisches – strategisches Gleichgewicht wiederherzustellen? . . .
Was in Stalingrad geschah, erschien mir nicht mehr vergleichbar mit einem jener traurigen Opfergänge, wie sie gelegentlich durch das harte Gesetz des Krieges gefordert werden. Der Passionsweg unserer Armee stellte – gerade wegen des langsamen, hilflosen Dahinsterbens von so vielen Zehntausenden in Verhältnissen, die den herkömmlichen Voraussetzungen soldatischen Einsatzes und soldatischer Ehre Hohn sprachen – alles bisher Dagewesene weit in den Schatten. Ein Stück Lebenssubstanz des deutschen Volkes war hier zum Untergang verurteilt, und was in dieser Katastrophe gefordert und zugelassen wurde, bedeutete zuletzt

eine maßlose Entartung, Erniedrigung und Schändung des menschlichen Wesens. Ich hatte am Ende der Schlacht das Empfinden, als sei ein gut Teil Menschlichkeit in den Massengräbern von Stalingrad mitversunken.

Aus: Joachim Wieder, Stalingrad und die Verantwortung des Soldaten, München 1962, S. 158f.

## 2. Rede von Joseph Goebbels im Berliner Sportpalast vom 18. 2. 1943

Wenn das feindliche Ausland gegen unsere antijüdische Politik scheinheilig Protest erhebt und über unsere Maßnahmen gegen das Judentum heuchlerische Krokodilstränen vergießt, so kann uns das nicht daran hindern, das Notwendige zu tun. Deutschland jedenfalls hat nicht die Absicht, sich dieser jüdischen Bedrohung zu beugen, sondern vielmehr die, ihr rechtzeitig, wenn nötig unter vollkommener und radikalster Ausrottung des Judentums entgegenzutreten ...

Ihr also, meine Zuhörer, repräsentiert in diesem Augenblick für das Ausland die Nation. Und an euch möchte ich zehn Fragen richten, die ihr mir und dem deutschen Volk vor der ganzen Welt, insbesondere aber vor unseren Feinden, die uns auch an ihrem Rundfunk zuhören, beantworten sollt:

Erstens: Die Engländer behaupten, das deutsche Volk habe den Glauben an den Sieg verloren. Ich frage euch: Glaubt ihr mit dem Führer und mit uns an den endgültigen totalen Sieg des deutschen Volkes? Ich frage euch: Seid ihr entschlossen, dem Führer in der Erkämpfung des Sieges durch dick und dünn und unter Aufnahme auch der schwersten persönlichen Belastungen zu folgen?

Zweitens: Die Engländer behaupten, das deutsche Volk ist des Kampfes müde. Ich frage euch: Seid ihr bereit, mit dem Führer, als Phalanx der Heimat hinter der kämpfenden Front stehend, diesen Kampf mit wilder Entschlossenheit und unbeirrt durch alle Schicksalsfügungen fortzusetzen, bis der Sieg in unseren Händen ist?

Drittens: Die Engländer behaupten, das deutsche Volk hat keine Lust mehr, sich der überhandnehmenden Kriegsarbeit, die die Regierung von ihm fordert, zu unterziehen. Ich frage euch: Seid ihr und ist das deutsche Volk entschlossen, wenn der Führer es befiehlt, zehn, zwölf und wenn nötig vierzehn Stunden täglich zu arbeiten und das Letzte herzugeben für den Sieg?

Viertens: Die Engländer behaupten, das deutsche Volk wehrt sich gegen die totalen Kriegsmaßnahmen der Regierung. Es will nicht den totalen Krieg, sondern die Kapitulation. Ich frage euch: Wollt ihr den totalen Krieg? Wollt ihr ihn, wenn nötig, totaler und radikaler, als wir ihn uns heute überhaupt noch vorstellen können?

Fünftens: Die Engländer behaupten, das deutsche Volk hat sein Vertrauen zum Führer verloren. Ich frage euch: Ist euer Vertrauen zum Führer heute größer, gläubiger und unerschütterlicher denn je? Ist eure Bereitschaft, ihm auf allen seinen Wegen zu folgen und alles zu tun, um den Krieg zum siegreichen Ende zu führen, eine absolute und uneingeschränkte?

Ich frage euch als Sechstes: Seid ihr bereit, von nun an eure ganze Kraft einzusetzen und der Ostfront die Menschen und Waffen zur Verfügung zu stellen, die sie braucht, um dem Bolschewismus den tödlichen Schlag zu versetzen?

Ich frage euch als Siebentes: Gelobt ihr mit heiligem Eid der Front, daß die Heimat mit

starker Moral hinter ihr steht und ihr alles geben wird, was sie nötig hat, um den Sieg zu erkämpfen?
Ich frage euch achtens: Wollt ihr, insbesondere ihr Frauen selbst, daß die Regierung dafür sorgt, daß auch die deutsche Frau ihre ganze Kraft der Kriegführung zur Verfügung stellt und überall da, wo es nur möglich ist, einspringt, um Männer für die Front frei zu machen und damit ihren Männern an der Front zu helfen?
Ich frage euch neuntens: Billigt ihr, wenn nötig, die radikalsten Maßnahmen gegen einen kleinen Kreis von Drückebergern und Schiebern, die mitten im Krieg Frieden spielen und die Not des Volkes zu eigensüchtigen Zwecken ausnützen wollen? Seid ihr damit einverstanden, daß, wer sich am Kriege vergeht, den Kopf verliert?
Ich frage euch zehntens und zuletzt: Wollt ihr, daß, wie das nationalsozialistische Parteiprogramm es gebietet, gerade im Krieg gleiche Rechte und Pflichten vorherrschen, daß die Heimat die schwersten Belastungen des Krieges solidarisch auf ihre Schultern nimmt und daß sie für hoch und niedrig und arm und reich in gleicher Weise verteilt werden?

(Schon nach der ersten Frage scholl Goebbels aus dem Munde der Tausende ein einstimmiges Ja entgegen, das nach jeder weiteren Frage von neuem den Sportpalast erdröhnen ließ.)

Ich habe euch gefragt, und ihr habt mir eure Antwort gegeben: Ihr seid ein Stück Volk, durch euren Mund hat sich damit die Stellungnahme des deutschen Volkes vor der Welt manifestiert. Ihr habt euren Feinden das zugerufen, was sie wissen müssen, damit sie sich keinen Illusionen und falschen Vorstellungen hingeben. Somit sind wir, wie von der ersten Stunde unserer Macht an und durch all die zehn Jahre hindurch fest und brüderlich mit dem deutschen Volke vereint. Der mächtigste Bundesgenosse, den es auf dieser Welt gibt, das Volk selbst, steht hinter uns und ist entschlossen, mit dem Führer, koste was es wolle, unter Aufnahme auch der schwersten Opfer, den Sieg kämpfend zu erstreiten.

Zit. nach H. A. Jacobsen, Der Zweite Weltkrieg, a.a.O., S. 380f.

### 3. Hitler vor den Reichs- und Gauleitern über Kriegslage und Kriegsziele (8. 5. 1943)

Am Nachmittag findet dann die Reichs- und Gauleiterbesprechung beim Führer statt. Der Führer zeichnet die um ihn versammelte Parteiführerschaft durch eine ausführliche Darlegung der Lage aus. Er beginnt damit, daß sich in diesem Kriege bürgerliche und revolutionäre Staaten gegenüberstehen. Die Niederwerfung der bürgerlichen Staaten ist für uns ein Leichtes gewesen, denn sie waren uns rein erziehungs- und einstellungsmäßig vollkommen unterlegen. Die Weltanschauungsstaaten haben den bürgerlichen Staaten gegenüber insofern einen Vorteil, als sie auf einem klaren geistigen Boden stehen. Die daraus erwachsende Überlegenheit ist uns bis zum Ostfeldzug außerordentlich zustatten gekommen. Da allerdings trafen wir auf einen Gegner, der eben auch eine Weltanschauung, wenn auch eine falsche, vertritt. Der Führer schildert noch einmal den Fall Tuchatschewsky und gibt dabei der Meinung Ausdruck, daß wir damals ganz falsch orientiert waren, als wir glaubten, Stalin würde dadurch die Rote Armee ruinieren. Das Gegenteil ist der Fall: Stalin hat sich alle oppositionellen Kreise aus der Roten Armee vom Halse geschafft und damit erreicht, daß eine defaitistische Strömung innerhalb dieser Armee nicht mehr vorhanden ist. Auch die Einführung der Politischen Kommissare hat sich für die Kampfkraft der Roten Armee außerordentlich günstig ausgewirkt. Wenn man sich vorstellt, daß das primitive Menschenmaterial des Ostens nur durch Härte zur Disziplin angehalten werden kann, dann weiß man ungefähr, was Stalin mit der Einführung der Politischen Kommissare bezweckte und praktisch auch erreicht hat.

Stalin hat uns gegenüber darüber hinaus auch noch den Vorteil, keine Gesellschaftsopposition zu besitzen. Auch die hat der Bolschewismus durch Liquidationen in den vergangenen 25 Jahren beseitigt. Wenn die gesellschaftliche Opposition uns auch nicht gefährlich ist, so kann sie uns doch allerhand Lästigkeiten bereiten. Sie meckert und stänkert, ohne eine tiefere Kenntnis von den Dingen zu besitzen, und raubt uns damit außerordentlich viel Kampfkraft. Der Bolschewismus hat sich diese Gefahr rechtzeitig vom Halse geschafft und kann deshalb seine ganze Kraft gegen den Feind richten. Im Innern gibt es praktisch keine Opposition mehr.

Die kirchliche Opposition, die uns auch außerordentlich viel zu schaffen macht, ist ja auch im Bolschewismus nicht mehr vorhanden. Wenn heute von einem Metropoliten von Moskau gesprochen wird, so ist das natürlich ein aufgelegter Judenschwindel. Der Führer verweist mit Recht darauf, daß unter Umständen dieser Metropolit vor einigen Monaten noch Möbelpacker gewesen ist. Insofern hat also Stalin es außerordentlich viel leichter als wir. Er hat sein Volk einheitlich ausgerichtet. Es steht unter der bolschewistischen Erziehung oder der bolschewistischen Knute; jedenfalls gibt es in der Sowjetunion keine andere Meinung als die der Kremlgewaltigen.

Nach Kritik an den Verbündeten, besonders an Ungarn mit seinen judenfreundlichen Tendenzen:

Aus alledem aber hat der Führer die Konsequenz gezogen, daß das Kleinstaatengerümpel, das heute noch in Europa vorhanden ist, so schnell wie möglich liquidiert werden muß. Es muß das Ziel unseres Kampfes bleiben, ein einheitliches Europa zu schaffen. Europa kann aber eine klare Organisation nur durch die Deutschen erfahren. Eine andere Führungsmacht ist praktisch nicht vorhanden. Der Führer betont in diesem Zusammenhang wiederum, daß wir froh darüber sein müssen, keine Japaner auf dem europäischen Kontinent zu besitzen. Wenn die Italiener uns heute auch sehr viele Sorgen und Schwierigkeiten bereiten, so müssen wir uns doch glücklich preisen, daß sie uns bei der späteren Organisierung Europas keine ernsthafte Konkurrenz stellen können. Wären die Japaner auf dem europäischen Kontinent angesiedelt, so würden die Dinge wesentlich anders liegen. Heute aber sind wir praktisch die einzige in Betracht kommende Führungsmacht auf dem europäischen Festland ...

Der Führer gibt seiner unumstößlichen Gewißheit Ausdruck, daß das Reich einmal ganz Europa beherrschen wird. Wir werden dafür noch sehr viele Kämpfe zu bestehen haben, aber sie werden zweifellos zu den herrlichsten Erfolgen führen. Von da ab ist praktisch der Weg zu einer Weltherrschaft vorgezeichnet. Wer Europa besitzt, der wird damit die Führung der Welt an sich reißen.

In diesem Zusammenhang können wir natürlich Fragen von Recht und Unrecht überhaupt nicht zur Diskussion akzeptieren. Der Verlust dieses Krieges würde für das deutsche Volk das größte Unrecht darstellen, der Sieg gibt uns das größte Recht. Überhaupt wird der Sieger auch die alleinige Möglichkeit besitzen, die moralische Berechtigung seines Kampfes vor der Weltöffentlichkeit nachzuweisen ... Wir haben soviele Chancen in der Hand, daß wir mit bestem Gewissen der weiteren Entwicklung entgegenschauen können. Der Führer verweist mit Recht darauf, daß seine Prophetien aus den Jahren 1919, 1920 und 1921 frech und unverschämt gewesen seien. Heute seien sie nur Ausflüsse seines realen Denkens und seiner erschöpfenden Übersicht über die allgemeine Lage . Nie darf in uns ein Zweifel am Siege aufkommen. Der Führer ist fest entschlossen, diesen Kampf unter allen Umständen durchzusetzen. Er will ihn nicht vor zwölf, sondern unter allen Umständen nach zwölf Uhr aufgeben.

Aus: Goebbels' Tagebücher, hrsg. von Louis P. Lochner, Zürich 1948, S. 322ff.

## 4. Günter Moltmann: Die Genesis der Unconditional-Surrender-Forderung

Man kann sagen, daß Unconditional Surrender ein ausgesprochenes Kriegsziel, nicht aber ein Friedensziel war. Es enthielt keine konkreten Richtlinien für die zukünftige Politik, sondern hatte rein formalen Charakter. Es bildete nur den Rahmen für die Zukunftsgestaltung, die ebensowohl konstruktiv als auch destruktiv sein konnte, denn die Art der Friedensregelungen, zu denen das Prinzip nur die Grundvoraussetzung war, blieb völlig offen. Aber auch in seiner Eigenschaft als formale Grundlage einer späteren Politik war es von wesentlicher Bedeutung, und zwar in doppelter Hinsicht.
Zunächst betraf es den Gegner als Partner bei der Liquidierung des Kriegszustandes und bei der Festlegung einer Nachkriegsordnung. In diesem Sinne war es ausgesprochen negativ. Es implizierte die Nichtanerkennung des Gegners als Verhandlungspartner und negierte damit jegliche gemeinsame Ebene, die zwischen den kriegführenden Parteien außerhalb der kriegerischen Gegnerschaft in menschlichen und geistigen Bereichen noch bestehen konnte. Die Unconditional-Surrender-Forderung vollzog für die englisch-amerikanische Seite den totalen Bruch mit den gegnerischen Nationen. Die totale Kriegführung ergab sich daraus folgerecht. Übrigens geschah dies zu demselben Zeitpunkt, an dem die nationalsozialistische Regierung den totalen Krieg proklamierte. Das Kriegsende war von nun an unwiderruflich nur noch als Diktat des Siegers, nicht mehr auf gemeinsamer Verhandlungsgrundlage denkbar.
Das Kapitulationsprinzip zielte auf die Zerstörung der nationalsozialistischen Weltanschauung, wie Roosevelt selbst in Casablanca und auch später betonte. Die Koppelung der Niederwerfung des Nationalsozialismus mit der vollständigen Elimination der deutschen Kriegsmacht ignorierte jede andere Möglichkeit eines Sturzes der Hitler-Regierung. Sie ignorierte darüber hinaus jede andere mögliche Existenz Deutscher, die unabhängig vom herrschenden Regime bereit und in der Lage waren, in Verhandlungen über einen Rechtsfrieden einzutreten. Sie identifizierte damit trotz gegenteiliger Versicherungen den Nationalsozialismus mit der Haltung der Deutschen schlechthin. Der Casablanca-Formel haftete der fragwürdige Zug einer kollektiven Diskriminierung eines ganzen Volkes an. Damit wurde jene Deutschland-Konzeption angedeutet, die in der Folgezeit zur Formulierung der konkreten englisch-amerikanischen Kriegsziele manches beitragen sollte. Einige Monate nach der Konferenz, im Mai 1943 während eines Churchill-Besuches in Washington, beabsichtigte Roosevelt, eine erweiterte alliierte Erklärung abzugeben des Inhalts, daß „die Vereinten Nationen niemals mit der Naziregierung, dem deutschen Oberkommando oder sonst einer Organisation oder Gruppe oder Einzelperson in Deutschland über einen Waffenstillstand

verhandeln würden". Damit wird der diskriminierende Zug vollends deutlich. Churchill widersetzte sich jedoch diesem Plan, und er kam nicht zur Ausführung.
Wenn die Politik des Unconditional Surrender in ihrer ausschließlich formalen Eigenschaft weder eine „milde" noch eine „harte" Behandlung Deutschlands vorsah, so öffnete sie doch den Weg für jede der beiden Möglichkeiten. Ihre Verkündung zerriß alle Bindungen der alliierten Kriegszielpolitik, die in einer eventuell erforderlichen Zustimmungsbereitschaft der feindlichen Nationen lagen. Von nun an mußte mit einer rücksichtslosen Planung gerechnet werden. Das gab der Casablanca-Formel einen bedrohlichen Charakter neben dem diskriminierenden Zug, der ihr anhaftete.

In: Probleme des Zweiten Weltkriegs, hrsg. von Andreas Hillgruber, Köln 1967, S. 174f.

### 5. Himmlers Rede vor den Gauleitern der Partei (3. 8. 1944)

Über das Problem, daß wir die Hunderttausende von Quadratkilometern, die wir verloren haben, im Osten wieder holen, brauchen wir uns überhaupt gar nicht zu unterhalten. Das ist ganz selbstverständlich. Das Programm ist unverrückbar. Es ist unverrückbar, daß wir die Volkstumsgrenze um 500 km hinausschieben, daß wir hier siedeln. Es ist unverrückbar, daß wir ein germanisches Reich gründen werden. Es ist unverrückbar, daß zu den 90 Millionen die 30 Millionen übrigen Germanen dazukommen werden, so daß wir unsere Blutbasis auf 120 Millionen Germanen vermehren. Es ist unverrückbar, daß wir die Ordnungsmacht auf dem Balkan und sonst in Europa sein werden, daß wir dieses ganze Volk wirtschaftlich, politisch und militärisch ausrichten und ordnen werden. Es ist unverrückbar, daß wir diesen Siedlungsraum erfüllen, daß wir hier den Pflanzgarten germanischen Blutes im Osten errichten, und es ist unverrückbar, daß wir eine Wehrgrenze weit nach dem Osten hinausschieben. Denn unsere Enkel und Urenkel hätten den nächsten Krieg verloren, der sicher wiederkommen wird, sei es in einer oder in zwei Generationen, wenn nicht die Luftwaffe im Osten – sprechen wir es ruhig aus – am Ural stehen würde. Wer für den künftigen Luftkrieg nicht einen Spielraum von 2000, 3000 km hat, der hat den nächsten Krieg verloren. Außerdem finde ich es so wunderbar, wenn wir uns heute schon darüber klar sind: Unsere politischen, wirtschaftlichen, menschlichen, militärischen Aufgaben haben wir in dem herrlichen Osten. Wenn es den Kosaken geglückt ist, sich für den russischen Zaren bis ans Gelbe Meer durchzufressen und das ganze Gebiet allmählich zu erobern, dann werden wir und unsere Söhne es in drei Teufels Namen fertig bringen, Jahr für Jahr, Generation für Generation unsere Bauerntrecks auszurüsten und von dem Gebiet, das wir zunächst hinter der militärischen Grenze haben, immer einige hundert Kilometer zunächst mit Stützpunkten zu versehen und dann allmählich flächenmäßig zu besiedeln und die anderen hinauszudrängen. Das ist unsere Aufgabe. Der Osten drüben wird unser Truppenübungsplatz sein, wo wir jeden Winter mit soundsoviel Divisionen in Eis und Schnee und Kälte üben werden. Wie die Väter im Jahre 1941, so werden die Söhne in späteren Jahren dort üben, werden dort ihre Zelte aufschlagen, werden im Finnenzelt leben, und jede Generation wird hier im scharfen Schuß üben, wird sich bewähren können, so daß wir die Gefahr, die ein Sieg mit sich bringen könnte, daß man wohlhabend und damit weich und bequem wird, wohl für die nächsten Jahrzehnte und Jahrhunderte bannen können . . .

Zit. nach Herbert Michaelis, Der Zweite Weltkrieg, Konstanz 1965, S. 286

### 6. Das Wannsee-Protokoll (20. 1. 1942)

Der Chef der Sicherheitspolizei und des SD, SS-Obergruppenführer Heydrich, teilte eingangs seine Bestallung zum Beauftragten für die Vorbereitung der Endlösung der europäischen Judenfrage durch den Reichsmarschall mit und wies darauf hin, daß zu dieser Besprechung geladen wurde, um Klarheit in grundsätzlichen Fragen zu schaffen. Der Wunsch des Reichsmarschalls, ihm einen Entwurf über die organisatorischen, sachlichen und materiellen Belange im Hinblick auf die Endlösung der europäischen Judenfrage zu übersenden, erfordert die vorherige gemeinsame Behandlung aller an diesen Fragen unmittelbar beteiligten Zentralinstanzen im Hinblick auf die Parallelisierung der Linienführung.
Die Federführung bei der Bearbeitung der Endlösung der Judenfrage liege ohne Rücksicht auf geographische Grenzen zentral beim Reichsführer-SS und Chef der Deutschen Polizei (Chef der Sicherheitspolizei und des SD) . . .
An Stelle der Auswanderung ist nunmehr als weitere Lösungsmöglichkeit nach entsprechender vorheriger Genehmigung durch den Führer die Evakuierung der Juden nach dem Osten getreten.
Diese Aktionen sind jedoch lediglich als Ausweichmöglichkeiten anzusprechen, doch werden hier bereits jene praktischen Erfahrungen gesammelt, die im Hinblick auf die kommende Endlösung der Judenfrage von wichtiger Bedeutung sind . . .
Unter entsprechender Leitung sollen im Zuge der Endlösung die Juden in geeigneter Weise im Osten zum Arbeitseinsatz kommen. In großen Arbeitskolonnen, unter Trennung der Geschlechter, werden die arbeitsfähigen Juden straßenbauend in diese Gebiete geführt, wobei zweifellos ein Großteil durch natürliche Verminderung ausfallen wird.
Der allfällig endlich verbleibende Restbestand wird, da es sich bei diesen zweifellos um den widerstandsfähigsten Teil handelt, entsprechend behandelt werden müssen, da dieser, eine natürliche Auslese darstellend, bei Freilassung als Keimzelle eines neuen jüdischen Aufbaues anzusprechen ist. (Siehe die Erfahrung der Geschichte.)
Im Zuge der praktischen Durchführung der Endlösung wird Europa von Westen nach Osten durchgekämmt . . .

Zit. nach Walther Hofer, Der Nationalsozialismus – Dokumente, a. a. O., S. 304 f.

### 7. Hitlers scheinbare Prophezeiung vom 30. 1. 1939

Und eines möchte ich an diesem vielleicht nicht nur für uns Deutsche denkwürdigen Tage nun aussprechen: Ich bin in meinem Leben sehr oft Prophet gewesen und wurde meistens ausgelacht. In dieser Zeit meines Kampfes um die Macht war es in erster Linie das jüdische Volk, das nur mit Gelächter meine Prophezeiungen hinnahm, ich würde einmal in Deutschland die Führung des Staates und damit des ganzen Volkes übernehmen und dann unter vielen anderen auch das jüdische Problem zur Lösung bringen. Ich glaube, daß dieses damalige schallende Gelächter dem Judentum in Deutschland unterdes wohl schon in der Kehle erstickt ist. Ich will heute wieder ein Prophet sein: Wenn es dem internationalen Finanzjudentum innerhalb und außerhalb Europas gelingen sollte, die Völker noch einmal in einen Weltkrieg zu stürzen, dann wird das Ergebnis nicht die Bolschewisierung der Erde und damit der Sieg des Judentums sein, sondern die Vernichtung der jüdischen Rasse in Europa.

Zit. nach Helmut Krausnick, Judenverfolgung, in: Anatomie des SS-Staates, Bd. II, Freiburg 1965, S. 340

## 8. Endlösung der Judenfrage: KZ Auschwitz

Im Sommer 1941, den genauen Zeitpunkt vermag ich z. Zt. nicht anzugeben, wurde ich plötzlich zum Reichsführer SS nach Berlin befohlen, und zwar direkt durch seine Adjutantur. Entgegen seiner sonstigen Gepflogenheit eröffnete er mir, ohne Beisein seines Adjutanten, dem Sinne nach folgendes: Der Führer hat die Endlösung der Judenfrage befohlen, wir – die SS – haben diesen Befehl durchzuführen. Die bestehenden Vernichtungsstellen im Osten sind nicht in der Lage, die beabsichtigten großen Aktionen durchzuführen. Ich habe daher Auschwitz dafür bestimmt, einmal wegen der günstigen verkehrstechnischen Lage und zweitens läßt sich das dort zu bestimmende Gebiet leicht absperren und tarnen. Ich hatte erst einen höheren SS-Führer für diese Aufgabe ausgesucht; um aber Kompetenzschwierigkeiten von vornherein zu begegnen, unterbleibt das, und Sie haben nun diese Aufgabe durchzuführen. Es ist eine harte und schwere Arbeit, die den Einsatz der ganzen Person erfordert, ohne Rücksicht auf etwa entstehende Schwierigkeiten. Nähere Einzelheiten erfahren Sie durch Sturmbannführer Eichmann vom RSHA, der in nächster Zeit zu Ihnen kommt. Die beteiligten Dienststellen werden von mir zu gegebener Zeit benachrichtigt. Sie haben über diesen Befehl strengstes Stillschweigen, selbst Ihren Vorgesetzten gegenüber, zu bewahren. Nach der Unterredung mit Eichmann schicken Sie mir sofort die Pläne der beabsichtigten Anlage zu. – Die Juden sind die ewigen Feinde des deutschen Volkes und müssen ausgerottet werden. Alle für uns erreichbaren Juden sind jetzt während des Krieges ohne Ausnahme zu vernichten. Gelingt es uns jetzt nicht, die biologischen Grundlagen des Judentums zu zerstören, so werden einst die Juden das deutsche Volk vernichten.
Nach Erhalt dieses schwerwiegenden Befehls fuhr ich sofort nach Auschwitz zurück, ohne mich bei meiner vorgesetzten Dienststelle in Oranienburg gemeldet zu haben. Kurze Zeit danach kam Eichmann zu mir nach Auschwitz. Er weihte mich in die Pläne der Aktionen in den einzelnen Ländern ein. Die Reihenfolge vermag ich nicht mehr genau anzugeben.
Zuerst sollte für Auschwitz Ostoberschlesien und die daran angrenzenden Teile des General-Gouvernements in Frage kommen. Gleichzeitig, und dann je nach Lage fortgesetzt, die Juden aus Deutschland und der Tschechoslowakei. Anschließend der Westen: Frankreich, Belgien, Holland. Er nannte mir auch ungefähre Zahlen der zu erwartenden Transporte, die ich aber nicht mehr nennen kann. Wir besprachen weiter die Durchführung der Vernichtung. Es käme nur Gas in Frage, denn durch Erschießen die zu erwartenden Massen zu beseitigen, wäre schlechterdings unmöglich und auch eine zu große Belastung für die SS-Männer, die dies durchführen müßten im Hinblick auf die Frauen und Kinder.
Eichmann machte mich bekannt mit der Tötung durch die Motoren-Abgase in Lastwagen, wie sie bisher im Osten durchgeführt wurde. Dies käme aber für die zu erwartenden Massen-Transporte in Auschwitz nicht in Frage. Die Tötung durch Kohlenoxyd-Gas, durch Brausen in einem Baderaum, wie die Vernichtung der Geisteskranken an einigen Stellen im Reich durchgeführt wurde, erfordere zuviel Baulichkeiten, auch wäre die Beschaffung des Gases für die großen Massen sehr problematisch. Wir kamen in dieser Frage zu keinem Entscheid. Eichmann wollte sich nach einem Gas, das leicht zu beschaffen wäre und keine besonderen Anlagen erfordere, erkundigen und mir dann berichten . . .
Noch im Sommer 1942 wurden die Leichen in die Massengräber gebracht. Erst gegen Ende des Sommers fingen wir an mit der Verbrennung; zuerst auf einem Holzstoß mit ca. 2000 Leichen, nachher in den Gruben mit den wieder freigelegten Leichen aus der früheren Zeit.

Die Leichen wurden zuerst mit Ölrückständen, später mit Methanol übergossen. In den Gruben wurde fortgesetzt verbrannt, also Tag und Nacht. Ende November 1942 waren sämtliche Massengräber geräumt . . .
Schon bei den ersten Verbrennungen im Freien zeigte es sich, daß auf die Dauer dies nicht durchzuführen sei. Bei schlechtem Wetter oder starkem Wind trieb der Verbrennungsgeruch viele Kilometer weit und führte dazu, daß die ganze umwohnende Bevölkerung von den Juden-Verbrennungen sprach, trotz der Gegenpropaganda von seiten der Partei und den Verwaltungsdienststellen. Es waren zwar alle an der Vernichtungsaktion beteiligten SS-Angehörigen besonders streng verpflichtet, über die gesamten Vorgänge zu schweigen. Spätere SS-Gerichtsverhandlungen aber zeigten, daß von seiten der Beteiligten doch nicht geschwiegen wurde. Auch erhebliche Strafen konnten die Schwatzhaftigkeit nicht verhindern.
Weiterhin erhob die Luftabwehr Einspruch gegen die weithin in der Luft sichtbaren nächtlichen Feuer. Es mußte aber auch nachts weiter verbrannt werden, um die eintreffenden Transporte nicht abstoppen zu müssen. Das Fahrplanprogramm der einzelnen Aktionen, das in einer Fahrplankonferenz durch das Reichsverkehrsministerium genau festgelegt war, mußte unbedingt eingehalten werden, um eine Verstopfung und Verwirrung der betr. Bahnlinien zu vermeiden, insbesondere aus militärischen Gründen. Obige Gründe führten nun zu der mit allen Mitteln vorwärtsgetriebenen Planung und dem schließlichen Bau der beiden großen Krematorien, und 1943 zum Bau der zwei weiteren kleineren Anlagen. Eine später noch beabsichtigte, die im Bau befindlichen bei weitem übertreffende Anlage kam nicht mehr zur Durchführung, da im Herbst 1944 der RFSS die sofortige Einstellung der Juden-Vernichtung befahl.

Aus: Rudolf Höß, Kommandant in Auschwitz. Autobiographische Aufzeichnungen (1946). Hrsg. von M. Broszat, Stuttgart 1958, S. 153 ff.

## 9. Konzentrationslager und Kriegswirtschaft

In Auschwitz, wo die beiden Zwecke (Vernichtung und Arbeitseinsatz der Juden) an einem Ort konkurrierten, entstand jenes Ausleseverfahren der sogenannten Selektion, dem fast jeder ankommende Judentransport unterworfen wurde: aus der Masse der deportierten jüdischen Männer, Frauen und Kinder sonderten SS-Ärzte und SS-Führer auf der sogenannten „Rampe" von Birkenau – wohl je nach Bedarf und dem Gesundheitszustand der Transporte – eine größere oder kleinere Zahl von Arbeitsfähigen (bevorzugt Jugendliche, Männer mittleren Alters und arbeitsfähige Frauen ohne Kinder) aus, die von der Vernichtung ausgenommen, als Häftlinge registriert und in das angrenzende Lager überwiesen wurden, wo sie eine Chance des Überlebens hatten, solange sie arbeitsfähig blieben. Selektion bedeutete: Überführung in einen anderen Zuständigkeitsbereich und Funktionszusammenhang, wo nicht mehr die Vernichtung, sondern – wenigstens der Theorie nach – die Nutzung und, bis zu einem gewissen Grade, auch die Erhaltung der Arbeitskraft der Häftlinge maßgeblich war.
Schon im Jahre 1938 hatte sich insofern eine veränderte Funktion der KL ergeben, als diese nicht mehr nur zur Ausschaltung und Zwangserziehung von sogenannten Staats- und Volksfeinden dienten. Zu dem politisch-polizeilichen Motiv der Gegnerbekämpfung war das wirtschaftsunternehmerische Interesse der SS getreten, das sich mit den Lagern verband. Aber erst seit dem Winter 1941/42 wurde der Arbeitseinsatz-Gesichtspunkt zum dominie-

renden Faktor, der die weitere zahlenmäßige und innere Entwicklung der KL bestimmte. Die KL hörten zwar nicht auf, Stätten der politischen Verfolgung zu sein, sie wurden aber in weit höherem Maße eine (besonders diskriminierende und drakonische) Form der Zwangsarbeit. Himmlers Entschluß, die Konzentrationslager und immer größere Kontingente von neu eingewiesenen Häftlingen für die Kriegsindustrie des Reiches nutzbar zu machen, stand in engstem Zusammenhang mit den verstärkten Anstrengungen zur Mobilisierung neuer Arbeitskräfte und namentlich der Zwangsverpflichtung ausländischer Zivilarbeiter, die zu Beginn des Jahres 1942 einsetzten, um die Einberufungen zur Wehrmacht wettzumachen und dem verstärkten Rüstungsbedarf zu entsprechen.

Aus: Martin Broszat, Nationalsozialistische Konzentrationslager 1933–1945, in: Anatomie des SS-Staates, Band II, a.a.O., S. 131f.

## Motive und Pläne des deutschen Widerstandes

### Arbeitsthemen

1. *Wie ist es zu erklären, daß gerade das Euthanasieprogramm des NS-Regimes den Widerspruch der Kirchen herausforderte? Inwiefern dokumentiert sich in diesem Punkt die grundsätzliche Gegnerschaft zwischen Nationalsozialismus und Christentum? (Nr. 1)*
2. *Worin sieht H. J. von Moltke, der Kopf des „Kreisauer Kreises", in seinem Brief an einen englischen Freund, geschrieben im Jahre 1942 aus der Türkei, das Problem der Überwindung des Nationalsozialismus? (Nr. 2)*
3. *Welche Ausgangspunkte und Motive des studentischen Widerstandes lassen sich aus dem letzten Flugblatt der sog. „Weißen Rose", das am 18. 2. 1943 an der Münchener Universität verteilt wurde, herausschälen? (Nr. 3)*
4. *Mit welchen Hinweisen und Belegen demaskiert die von Beck und Goerdeler vorbereitete Regierungserklärung für den Fall des gelungenen Staatsstreichs am 20. 7. 1944 die Gewaltherrschaft Hitlers? Auf welche Qualitäten soll die neue Regierung gegründet werden? (Nr. 4a)*
5. *Wo liegen Übereinstimmungen bzw. Divergenzen der Beck-Goerdeler-Erklärung mit dem politischen Testament des Führers der kommunistischen Widerstandsgruppe, Anton Saefkow, bzw. mit den „Grundsätzen für die Neuordnung Deutschlands" des Kreisauer Kreises? (Nr. 4b und 4c)*
6. *Worauf wird in dem von Ludwig Beck, dem 1938 demissionierten Generalstabschef, konzipierten „Aufruf an die Wehrmacht" die militärische Krisensituation des Jahres 1944 zurückgeführt? Welchen Weg zeichnet er für die Zukunft? (Nr. 5)*
7. *Welche Deutung hat der zum aktiven Widerstand gehörende Henning von Tresckow, ein enger Freund Stauffenbergs, dem gescheiterten Versuch des 20. Juli gegeben? (Nr. 6)*
8. *Welche manipulative Sicht des Attentatsversuchs dominiert in der Sprachregelung der NS-Propaganda vom 24. 7. 1944? (Nr. 7)*
9. *Worin erblickt der Historiker Bodo Scheurig die Problematik einer angemessenen Würdigung des deutschen Widerstandes heute? (Nr. 8)*

## 1. Kirchlicher Protest gegen Hitlers Euthanasieprogramm

(Aus der Predigt des Bischofs von Münster, Clemens August Graf von Galen, am Sonntag, dem 3. 8. 1941, in der St. Lambertikirche in Münster)

Katholische Christen! In dem am 6. Juli d. Js. in allen katholischen Kirchen Deutschlands verlesenen gemeinsamen Hirtenbrief der deutschen Bischöfe vom 26. Juni 41 heißt es u. a.: „Gewiß gibt es nach der katholischen Sittenlehre positive Gebote, die nicht mehr verpflichten, wenn ihre Erfüllung mit allzu großen Schwierigkeiten oder Gefahren verbunden wäre. Aber es gibt auch Gewissensverpflichtungen, von denen uns niemand befreien kann und die wir erfüllen müssen, koste es uns selbst das Leben. Nie, unter keinen Umständen, darf der Mensch außerhalb des Krieges und der gerechten Notwehr einen Unschuldigen töten." Ich hatte schon am 6. Juli Veranlassung, diesen Worten des gemeinsamen Hirtenbriefes folgende Erläuterung hinzuzufügen: „Seit einigen Monaten hören wir Berichte, daß aus Heil- und Pflegeanstalten für Geisteskranke auf Anordnung von Berlin Pfleglinge, die schon länger krank sind und vielleicht unheilbar erscheinen, zwangsweise abgeführt werden. Regelmäßig erhalten dann nach kurzer Zeit die Angehörigen die Mitteilung, der Kranke sei verstorben, die Leiche sei verbrannt, die Asche könne abgeliefert werden. Allgemein herrscht der an Sicherheit grenzende Verdacht, daß diese zahlreichen, unerwarteten Todesfälle von Geisteskranken nicht von selbst eintreten, sondern absichtlich herbeigeführt werden, daß man dabei jener Lehre folgt, die behauptet, man dürfe sogenanntes „lebensunwertes Leben" vernichten, also unschuldige Menschen töten, wenn man meint, ihr Leben sei für Volk und Staat nichts mehr wert. Eine furchtbare Lehre, die die Ermordung Unschuldiger rechtfertigen will, die die gewaltsame Tötung der nicht mehr arbeitsfähigen Invaliden, Krüppel, unheilbar Kranken, Altersschwachen grundsätzlich freigibt. Demgegenüber erklären die deutschen Bischöfe: Nie, unter keinen Umständen, darf der Mensch außerhalb des Krieges und der gerechten Notwehr einen Unschuldigen töten. Wie ich zuverlässig erfahren habe, werden jetzt auch in den Heil- und Pflegeanstalten der Provinz Westfalen Listen aufgestellt von solchen Pfleglingen, die als sogenannte „unproduktive Volksgenossen" abtransportiert und in kurzer Zeit ums Leben gebracht werden sollen. Aus der Anstalt Marienthal bei Münster ist im Laufe dieser Woche der erste Transport abgegangen.
Deutsche Männer und Frauen! Noch hat Gesetzeskraft der § 211 des Reichsstrafgesetzbuches, der bestimmt: Wer vorsätzlich einen Menschen tötet, wird, wenn er die Tötung mit Überlegung ausgeführt hat, wegen Mordes mit dem Tode bestraft. Wohl um diejenigen, die jene armen, kranken Menschen, Angehörige unserer Familien, vorsätzlich töten, vor dieser gesetzlichen Bestrafung zu bewahren, werden die zur Tötung bestimmten Kranken aus der Heimat abtransportiert in eine entfernte Anstalt . . .
Ich hatte bereits am 26. Juli bei der Provinzverwaltung der Provinz Westfalen, der die Anstalten unterstehen, der die Kranken zur Pflege und zur Heilung anvertraut sind, schriftlich ernstesten Protest erhoben. Es hat nichts genutzt. Der erste Transport der schuldlos zum Tode Verurteilten ist von Marienthal abgegangen. Und aus der Provinzial-Heilanstalt Warstein sind, wie ich höre, bereits 800 Kranke abtransportiert . . .
Du sollst nicht töten! Dieses Gebot Gottes, des einzigen Herrn, der das Recht hat, über

Leben und Tod zu bestimmen, war von Anfang an in die Herzen der Menschen eingeschrieben, längst bevor Gott den Kindern Israels am Berge Sinai sein Sittengesetz mit jenen lapidaren, in Stein gehauenen kurzen Sätzen verkündet hatte, die uns in der heiligen Schrift aufgezeichnet sind und die wir als Kinder aus dem Katechismus auswendig gelernt haben. Ich bin der Herr, dein Gott! So hebt dieses unabänderliche Gesetz an. Du sollst keine fremden Götter neben mir haben. Der einzige, überweltliche, ewige, allwissende, allmächtige, unendlich heilige und gerechte Gott, hat diese Gebote unseren Herzen eingeschrieben und sie uns verkündet, denn sie entsprechen dem Bedürfnis unserer von Gott geschaffenen Natur. Sie sind die unabdingbaren Normen eines vernunftgemäßen, eines gottgefälligen, eines heilbringenden und heiligen Menschen- und Gemeinschaftslebens . . .
Es ist die höchste Zeit, daß wir es erkennen, heute noch, an diesem Tage, was uns zum Frieden dient, was allein uns retten, vor dem göttlichen Strafgericht uns bewahren kann: daß wir rückhaltlos und ohne Abstrich die von Gott gewollte Wahrheit annehmen und durch unser Leben bekennen. Daß wir die göttlichen Gebote zur Richtschnur unseres Lebens machen und ernst machen mit dem Wort: Lieber sterben als sündigen. Daß wir in Gebet und aufrichtiger Buße Gottes Verzeihung und Erbarmen auf uns herab flehen, auf unsere Stadt, auf unser Land, auf unser ganzes liebes deutsches Volk! Wer aber fortfahren will, Gottes Strafgericht herauszufordern, wer unsern Glauben lästert, wer Gottes Gebot verachtet, wer gemeine Sache macht mit jenen, die unsere Jugend dem Christentum entfremden, die unsere Ordensleute berauben und vertreiben, mit jenen, die unschuldige Menschen, unsere Brüder und Schwestern, dem Tode überliefern, mit denen wollen wir jeden vertrauten Umgang vermeiden. Dessen Einfluß wollen wir uns und die unserigen entziehen, damit wir nicht angesteckt werden von seinem gottwidrigen Denken und Handeln, damit wir nicht mitschuldig werden und somit anheimfallen dem Strafgericht, das der gerechte Gott verhängen wird und verhängen muß über alle, die nicht wollen, was Gott will!

Zit nach Jacobsen-Jochmann, Ausgewählte Dokumente zur Geschichte des Nationalsozialismus, a.a.O., J, S. 1 ff.

## 2. Helmuth J. v. Moltke an seinen englischen Freund Lionel Curtis vom 18. 4. 1942

Heute beginnt es einem nicht zu zahlreichen, aber aktiven Teil des deutschen Volkes zu dämmern, nicht daß sie in die Irre geführt worden sind, nicht daß schlimme Zeiten ihnen bevorstehen, nicht daß der Krieg mit einer Niederlage enden mag, sondern daß Sünde ist, was geschieht, und daß sie persönlich verantwortlich sind für jede furchtbare Tat, die begangen worden ist – natürlich nicht im irdischen Sinne, aber als Christen.
Wir können nur erwarten, unser Volk zum Sturz dieser Regierung des Schreckens und Grauens zu bewegen, wenn wir imstande sind, ein Ziel jenseits der lähmenden und hoffnungslosen nächsten Zukunft zu zeigen. Für uns ist Europa nach dem Krieg weniger ein Problem von Grenzen und Soldaten, von wasserkopfartigen Organisationen und großartigen Planungen. Die eigentliche Frage, vor die Europa nach dem Krieg gestellt sein wird, ist die, wie das Bild des Menschen im Herzen unserer Mitbürger wiederhergestellt werden kann. Dies aber ist eine Frage der Religion und der Erziehung, der organischen Verbundenheit mit Beruf und Familie, des rechten Verhältnisses zwischen Verantwortung und Anspruch.

Zit. nach Hans Rothfels, Die deutsche Opposition gegen Hitler, Neuausgabe Ffm. 1969, S. 124f.

### 3. Das letzte Flugblatt der „Weißen Rose" (18. 2. 1943)

Kommilitonen! Kommilitoninnen!
Erschüttert steht unser Volk vor dem Untergang der Männer von Stalingrad. Dreihundertdreißigtausend deutsche Männer hat die geniale Strategie des Weltkriegsgefreiten sinn- und verantwortungslos in Tod und Verderben gehetzt. Führer, wir danken dir!
Es gärt im deutschen Volk: Wollen wir weiter einem Dilettanten das Schicksal unserer Armeen anvertrauen? Wollen wir den niederen Machtinstinkten einer Parteiclique den Rest der deutschen Jugend opfern? Nimmermehr! Der Tag der Abrechnung ist gekommen, der Abrechnung der deutschen Jugend mit der verabscheuungswürdigsten Tyrannis, die unser Volk je erduldet hat. Im Namen der deutschen Jugend fordern wir vom Staat Adolf Hitlers die persönliche Freiheit, das kostbarste Gut des Deutschen zurück, um das er uns in der erbärmlichsten Weise betrogen.
In einem Staat rücksichtsloser Knebelung jeder freien Meinungsäußerung sind wir aufgewachsen. HJ, SA, SS haben uns in den fruchtbarsten Bildungsjahren unseres Lebens zu uniformieren, zu revolutionieren, zu narkotisieren versucht. „Weltanschauliche Schulung" hieß die verächtliche Methode, das aufkeimende Selbstdenken in einem Nebel leerer Phrasen zu ersticken. Eine Führerauslese, wie sie teuflischer und bornierter zugleich nicht gedacht werden kann, zieht ihre künftigen Parteibonzen auf Ordensburgen zu gottlosen, schamlosen und gewissenlosen Ausbeutern und Mordbuben heran, zur blinden, stupiden Führergefolgschaft. Wir „Arbeiter des Geistes" wären gerade recht, dieser neuen Herrenschicht den Knüppel zu machen. Frontkämpfer werden von Studentenführern und Gauleiteraspiranten wie Schuljungen gemaßregelt, Gauleiter greifen mit geilen Späßen den Studentinnen an die Ehre. Deutsche Studentinnen haben an der Münchener Hochschule auf die Besudelung ihrer Ehre eine würdige Antwort gegeben, deutsche Studenten haben sich für ihre Kameradinnen eingesetzt und standgehalten ... Das ist ein Anfang zur Erkämpfung unserer freien Selbstbestimmung, ohne die geistige Werte nicht geschaffen werden können. Unser Dank gilt den tapferen Kameradinnen und Kameraden, die mit leuchtendem Beispiel vorangegangen sind!
Es gibt für uns nur eine Parole: Kampf gegen die Partei! Heraus aus den Parteigliederungen, in denen man uns weiter politisch mundtot halten will! Heraus aus den Hörsälen der SS-Unter- und -Oberführer und Parteikriecher! Es geht uns um wahre Wissenschaft und echte Geistesfreiheit! Kein Drohmittel kann uns schrecken, auch nicht die Schließung unserer Hochschulen. Es gilt den Kampf jedes einzelnen von uns um unsere Zukunft, unsere Freiheit und Ehre in einem seiner sittlichen Verantwortung bewußten Staatswesen.
Freiheit und Ehre! Zehn lange Jahre haben Hitler und seine Genossen die beiden herrlichen deutschen Worte bis zum Ekel ausgequetscht, abgedroschen, verdreht, wie es nur Dilettanten vermögen, die die höchsten Werte einer Nation vor die Säue werfen. Was ihnen Freiheit und Ehre gilt, haben sie in zehn Jahren der Zerstörung aller materiellen und geistigen Freiheit, aller sittlichen Substanzen im deutschen Volk genugsam gezeigt. Auch dem dümmsten Deutschen hat das furchtbare Blutbad die Augen geöffnet, das sie im Namen von Freiheit und Ehre der deutschen Nation in ganz Europa angerichtet haben und täglich neu anrichten. Der deutsche Name bleibt für immer geschändet, wenn nicht die deutsche Jugend endlich aufsteht, rächt und sühnt zugleich, ihre Peiniger zerschmettert und ein neues geistiges Europa aufrichtet. Studentinnen! Studenten! Auf uns sieht das deutsche Volk! Von

uns erwartet es, wie 1813 die Brechung des Napoleonischen, so 1943 die Brechung des nationalsozialistischen Terrors aus der Macht des Geistes. Beresina und Stalingrad flammen im Osten auf, die Toten von Stalingrad beschwören uns!
„Frisch auf mein Volk, die Flammenzeichen rauchen!"
Unser Volk steht im Aufbruch gegen die Verknechtung Europas durch den Nationalsozialismus, im neuen gläubigen Durchbruch von Freiheit und Ehre.

Zit. nach Walther Hofer, Der Nationalsozialismus – Dokumente, a. a. O., S. 328 ff.

## 4. Neuordnung im Widerstand

### *a) Beck-Goerdeler: Zu den Absichten einer neuen Reichsregierung (1944)*

Die Grundsätze, nach denen die Regierung geführt werden wird, und die Ziele, die wir erstreben, sind bekanntgegeben. Wir erklären hierzu folgendes:
1. Erste Aufgabe ist die Wiederherstellung der vollkommenen Majestät des Rechts. Die Regierung selbst muß darauf bedacht sein, jede Willkür zu vermeiden, sie muß sich daher einer geordneten Kontrolle durch das Volk unterstellen. Während des Krieges kann diese Kontrolle nur vorläufig geordnet werden. Einstweilen werden lautere und sachkundige Männer aus allen Ständen und Gauen in einen Reichsrat berufen werden; diesem Reichsrat werden wir Rede und Antwort stehen, seinen Rat wollen wir einholen . . .
Das Recht wird jedem gegenüber, der es verletzt hat, durchgesetzt. Rechtsbrecher werden der verdienten Strafe zugeführt.
Die Sicherheit der Person und des Eigentums werden wieder gegen Willkür geschützt sein . . .
Die Konzentrationslager werden sobald wie möglich aufgelöst, die Unschuldigen entlassen, Schuldige dem ordentlichen gerichtlichen Verfahren zugeführt werden.
Aber ebenso erwarten wir, daß niemand Lynchjustiz vollzieht. Wenn wir die Majestät des Rechts wiederherstellen wollen, müssen wir alle Energie gegen persönliche Vergeltung aufwenden, die aus dem Erleiden von Unrecht und aus der Verwundung der Seele menschlich nur zu begreiflich ist. Wer irgend etwas auf dem Herzen hat, erstatte Anzeige, an welcher öffentlichen Stelle er will. Seine Anzeige wird an die richtige Stelle weitergeleitet werden. Die Schuldigen wird die unerbittliche Strafe treffen . . .
2. Wir wollen die Grundlagen der Sittlichkeit wiederherstellen, und zwar auf allen Gebieten des privaten wie öffentlichen Lebens. Die Korruption ist in unserem früher so reinen Volk von hohen und höchsten Würdenträgern des Naziregimes in einem bisher nicht dagewesenen Umfang betrieben worden . . . Alle Übeltäter werden mit der Strenge des Gesetzes zur Rechenschaft gezogen, ihr unredlich erworbenes Gut wird eingezogen und den Geschädigten wiedergegeben werden. Die Hauptschuldigen sollen aber an Leib und Gut büßen. Ihr gesamtes Vermögen und das an Angehörige verschobene wird eingezogen . . .
Zur Sicherung des Rechts und des Anstandes gehört die anständige Behandlung aller Menschen. Die Judenverfolgung, die sich in den unmenschlichsten und unbarmherzigsten, tief beschämenden und gar nicht wieder gutzumachenden Formen vollzogen hat, ist sofort eingestellt. Wer geglaubt hat, sich am jüdischen Vermögen bereichern zu können, wird erfahren, daß es eine Schande für jeden Deutschen ist, nach solchem unredlichen Besitz zu streben. Mit Marodeuren und Hyänen unter den von Gott geschaffenen Geschöpfen will das deutsche Volk in Wahrheit auch gar nichts zu tun haben.

Wir empfinden es als eine tiefe Entehrung des deutschen Namens, daß in den besetzten Gebieten hinter dem Rücken der kämpfenden Truppe und ihren Schutz mißbrauchend Verbrechen aller Art begangen worden sind. Die Ehre unserer Gefallenen ist damit besudelt. Auch hier werden wir für Sühne sorgen ...
3. Der Lüge sagen wir Kampf an. Die Sonne der Wahrheit soll ihre dichten Nebel zerstreuen. Unser Volk ist in der schamlosesten Weise über seine wirtschaftlichen, finanziellen und politischen sowie über die militärischen Ereignisse belogen worden. Die Tatsachen werden festgestellt und bekanntgegeben werden, so daß jeder einzelne sie nachprüfen kann ...
4. Die zerbrochene Freiheit des Geistes, des Gewissens, des Glaubens und der Meinung wird wiederhergestellt.
Die Kirchen erhalten wieder das Recht, frei für ihr Bekenntnis zu wirken. Sie werden in Zukunft völlig vom Staate getrennt leben, weil sie nur in Selbständigkeit und unter Fernhaltung von aller aktiven politischen Betätigung ihrer Aufgabe gerecht werden können ...
Die Presse soll wieder frei sein. Im Krieg muß sie sich den Beschränkungen unterwerfen, die in jedem Kriege für ein Land unerläßlich sind. Jeder, der eine Zeitung liest, soll erfahren, wer hinter dieser Zeitung steht. Der Presse wird es nicht wieder gestattet sein, bewußt oder fahrlässig die Unwahrheit zu sagen. Die Schriftleiter werden durch eine straffe Ehrengerichtsbarkeit dafür sorgen, daß die Gesetze des Anstandes und der Pflicht gegenüber dem Wohle des Vaterlandes auch in der Presse beachtet werden.
5. ... Der Jugend und ihrer Erziehung gilt eine unserer Hauptsorgen. Diese Erziehung soll in erster Linie den Eltern und den Schulen überantwortet werden. In allen Schulen müssen die elementaren Grundkenntnisse einfach, lauter und sicher in das Kind eingepflanzt werden. Die Bildung muß wieder eine allgemeine, Herz und Verstand erfassende sein. Sie muß im Volke wurzeln, und keine Kluft darf zwischen Gebildeten und Ungebildeten liegen ...
6. Die Verwaltung muß neu geordnet werden. Es wird nichts umgestoßen werden, was sich bewährt hat. Aber es ist notwendig, sofort klare Verantwortung und die Freiheit zu selbständigen Entschlüssen wiederherzustellen ... Mit dem Parteibuchbeamten wird Schluß gemacht. Der Beamte soll wieder allein dem Gesetz und seinem Gewissen folgen ...
7. Ordnung der Verwaltung, gerechte Verteilung und Erfüllung der Gemeinschaftsaufgaben sind nur möglich auf Grund einer Verfassung. Eine endgültige Verfassung kann erst nach Beendigung des Krieges mit Zustimmung des Volkes festgesetzt werden. Denn die Frontsoldaten haben einen Anspruch darauf, hierbei mit besonderem Gewicht mitzuwirken ...
Preußen wird aufgelöst. Die preußischen Provinzen, ebenso wie die übrigen deutschen Länder, werden neu zu Reichsgauen zusammengefaßt. Dem einzelnen Reichsgau wird im Reich wieder ein Eigenleben gegeben. Sie werden sich weitgehend selbst verwalten. Der Selbstverwaltung dieser Reichsgaue, der Kreise und der Gemeinden wird an öffentlichen Aufgaben übertragen, was irgendwie mit Reichseinheit und zielbewußter Führung des Reichs vereinbar ist ...
8. Die Wirtschaft kann im Kriege nur in Form der Zwangswirtschaft und der Überwachung der Preise fortgeführt werden ... Einstweilen können wir sie nur vereinfachen und von Unklarheiten, dem Durcheinander von Zuständigkeiten und dem Mangel von Verantwortungsbewußtsein befreien. Wir werden auch alle Maßnahmen aufheben, die zu tief in die Freiheiten des einzelnen eingegriffen haben und die ohne Überlegung und zwingende

Notwendigkeit Existenzen in Handel, Handwerk, Gewerbe, Industrie und Landwirtschaft vernichtet haben.
Auch darf die Wirtschaft nicht durch staatliche Eingriffe unnötig gestört und die Schaffensfreude und Schöpfungsmöglichkeiten erstickt werden ...
Es ist das Ziel unserer Wirtschaftsordnung, daß jedem Arbeiter, Angestellten und Unternehmer der Anteil an unseren Wirtschaftsgütern zuteil wird. Es handelt sich nicht nur darum, die freie Initiative des Unternehmers herzustellen und ihn zum Leistungskampf im Wettbewerb zu zwingen. Nein, auch der deutsche Arbeiter muß und wird Gelegenheit erhalten, an der Verantwortung der Wirtschaft schöpferisch teilzunehmen; nur können auch wir ihn nicht von der Wirkung der die Wirtschaft beherrschenden natürlichen Gesetze freistellen.
Das Eigentum ist Grundlage jeden wirtschaftlichen und kulturellen Fortschritts; sonst sinkt der Mensch allmählich zum Tier herab. Es wird daher geschützt, nicht nur in der Hand des großen, sondern auch in der Hand des kleinsten Eigentümers, der nur Hausrat sein eigen nennt. Der Mißbrauch des Eigentums wird ebenso bekämpft werden wie die ungesunde, die Unselbständigkeit der Menschen vermehrende Zusammenballung des Kapitals ...
9. Daraus ergibt sich der Inhalt der auf Ausgleich gerichteten Staatspolitik, der Sozialpolitik. Sie soll unverschuldet in Not Geratene und Schwache schützen und die Möglichkeit geben, sich solidarisch gegen die Widrigkeiten dieses Lebens zu sichern. Sie soll ferner da eintreten, wo das Interesse, Ersparnisse (Kapital) zu erhalten, in Widerspruch gerät mit dem Interesse, die Arbeitskraft der jetzt Lebenden zu sichern ...
Soweit zu solchen Ausgleichungen Kraft und Verantwortung der einzelnen Berufs- und Wirtschaftszweige nicht ausreichen, müssen alle wirtschaftenden Bürger eintreten, und äußerstenfalls muß ein gerechter Ausgleich auf den Schultern des ganzen Volkes durch den Staat gesichert werden. Soweit soziale Einrichtungen den Arbeiter betreffen, erhalten sie das Recht voller Selbstverwaltung.
Aber wir müssen wissen, daß der Staat keine unerschöpflichen Mittel hat. Auch er lebt nur von dem, was seine Bürger leisten und an ihn abgeben. Mehr, als er aus dieser Leistungskraft seiner Bürger zur Verfügung hat, kann auch er nicht an einzelne Bürger vergeben. Wir lehnen daher mit aller Klarheit und Entschiedenheit ab, Versprechungen auf wirtschaftliches Wohlleben zu geben ...
11. Aber noch ist Krieg. In ihm gebührt unser aller Arbeit, Opfer und Liebe den Männern, die das Vaterland an der Front verteidigen. Ihnen haben wir alles an seelischen und materiellen Werten zuzuführen, was wir irgend schaffen können. Mit ihnen stehen wir in Reih und Glied, aber nunmehr alle wissend, daß nur die zur Verteidigung des Vaterlandes und zum Wohle des Volkes notwendigen, nicht aber die der Eroberungssucht und dem Prestigebedürfnis eines Wahnsinnigen dienenden Opfer verlangt werden und daß wir diesen Krieg bis zum Erlangen eines gerechten Friedens fernerhin mit reinen Händen, in Anstand, mit der Ehrenhaftigkeit, die jeden braven Soldaten auszeichnet, führen werden. Den bisherigen Opfern dieses Krieges gehört unsere volle Fürsorge ...
12. Wir haben vor diesem Kriege gewarnt, der so viel Leid über die ganze Menschheit gebracht hat, und können daher in Freimut sprechen. Verlangt die nationale Würde von uns zur Zeit den Verzicht auf bittere Anklage, so haben und werden wir auch hier die Verantwortlichen zur Rechenschaft ziehen. So notwendig dies ist, wichtiger ist, daß wir dem baldigen Frieden zustreben. Wir wissen, daß wir nicht allein Herren über Krieg und Frieden

sind; wir sind dabei auf die anderen Völker angewiesen. Wir müssen durchstehen, aber wir wollen nun endlich die Stimme des wahren Deutschland erheben.
Wir sind tief davon durchdrungen, daß die Welt vor einer der ernstesten Entscheidungen steht, vor die die Völker und ihre Führer je bewußt sich gestellt sahen. Gott selbst gibt uns die Frage auf, ob wir der von ihm gesetzten Ordnung der Gerechtigkeit entsprechen und seinen Geboten, Freiheit und Menschenwürde zu achten sowie einander zu helfen, folgen wollen oder nicht . . .
In dieser Stunde müssen wir unserem Volke zurufen, daß es unsere vornehmste Aufgabe ist, tapfer und geduldig den vielfach entehrten deutschen Namen wieder reinzuwaschen. Wir Deutschen allein können und werden sie erfüllen.

Zit. nach Beck und Goerdeler – Gemeinschaftsdokumente für den Frieden 1941–1944, hrsg. von Wilhelm Ritter von Schramm, München 1965, S. 233 ff.

### *b) Anton Saefkow: Politisches Testament (1944)*

*Punkt 1:*
Rottet den Faschismus aus mit Stumpf und Stiel! Hierzu erübrigt sich jede Ergänzung, nur ein Hinweis: *Betriebe* nationalsozialistischer Unternehmer oder Kriegsverbrecher, insbesondere Werke der Schwer- und Schlüsselindustrie, sind sofort zu enteignen, zu nationalisieren. *Alle Produkte unter Kontrolle der Machtorgane der Arbeiterklasse.* Die Verantwortlichen für Faschismus und Krieg sind mit allem Vermögen zur Wiedergutmachung heranzuziehen!
*Punkt 2:*
Wählt in allen Betrieben nicht Interessenvertretungen, sondern eure Machtorgane, gebt diesen betrieblichen, bewaffneten Schutz. Ergänzung: Die selbstgewählten Vertrauensleute in den Abteilungen, die Betriebsräte und Obleute dürfen nicht nur Interessenvertretungen sein. Sie müssen Machtorgane werden, die Machtbeschlüsse fassen und Machtbefugnisse erhalten. *Ein Regieren des Volkes ist nur dann gewährleistet, wenn die Arbeiterklasse ihre Machtorgane bewußt beauftragt, mitzuregieren. Nur das ist der Weg zur Demokratisierung!* Wenn das Volk regieren will, dann muß das Volk auch bewaffnet sein! Organisiert, ob erlaubt oder verboten, organisiert eine betriebliche Miliz, schützt und bewaffnet die Vertreter eurer selbstgewählten Organe! Demokratisierung, aber keine demokratische Illusion!
*Punkt 3:*
*Duldet nur eine Gewerkschaftsbewegung!* Schafft *einheitliche Klassengewerkschaften* mit revolutionärer Gewerkschaftspolitik und Wahl aller Funktionäre durch die Mitgliederschaft. Kämpft immer *für internationale Gewerkschaftseinheit.* Ergänzung: Alle Hindernisse müssen niedergerissen werden. Beweglichkeit und Nachsicht werden hier viel helfen! Aber immer muß vor Augen stehen das verpflichtende Ziel der revolutionären Gewerkschaftspolitik: Hindringen zum Aufbau von Industrieverbänden! Prinzip: Ein Betrieb – ein Verband!
*Punkt 4:*
Sorgt für breiteste Demokratisierung. *Baut das neue Deutschland* auf der *Grundlage der Volksausschüsse* auf! Ergänzung: Nie wieder Weimarer Demokratie . . . Machtverlagerung nach unten! Das alles trifft noch nicht des Nagels Kopf, zeigt aber doch, worauf es ankommt. Das Volk muß selbst regieren, die selbstgewählten Körperschaften (Volksaus-

schüsse) dürfen nicht nur beratende, beschließende, sondern müssen immer ausübende Funktionen haben und sind jederzeit ihrer Wählerschaft verantwortlich.
Deutschlands kommender Zusammenbruch ist nicht Deutschlands Untergang! Deutschlands Wiederaufbau kann nur das unabhängige demokratische Deutschland bringen! Doch dieses Deutschland muß *ein Deutschland der breitesten, nationalen, antifaschistischen Einheitsfront* sein! Das Deutschland der Volksausschüsse!
*Punkt 5:*
Dem *Proletariat* als aufsteigende *herrschende Klasse gehört die Zukunft!* Baut eure Macht Stufe um Stufe auf und gebt sie nie wieder frei. Ergänzung: Wir Kommunisten sind ohne jede Tarnung offen und ehrlich in der nationalen antifaschistischen Einheitsfront. *Wenn wir um der Einheit willen bewußt manche Forderungen zurückstellen, so weiß doch jeder, daß wir unser Fernziel nicht aufgeben!* Erst die *Herrschaft der Arbeiterklasse* wird alle Widersprüche, alle sozialen und nationalen Probleme lösen. Ihr Berliner Arbeiter sollt hieraus die Lehren ziehen: Im neuen Deutschland gilt es, Stufe um Stufe die *Machtposition der Arbeiterklasse auszubauen* und zu befestigen. Im neuen Deutschland wird und muß die Arbeiterklasse die Einheitsfront erkämpfen und damit dem Sozialismus ein Stück näher kommen. Wenn *das Proletariat als herrschende Klasse sich konstituiert* hat, ist alles nur noch eine Frage des Tempos der Entwicklung. Auf alle Fälle packt zu, ihr seid auf dem richtigen Wege.

Zit. nach Jacobsen-Jochmann, Ausgewählte Dokumente zur Geschichte des Nationalsozialismus, a.a.O., J, S. 1f.

### *c) Der Kreisauer Kreis: Grundsätze für die Neuordnung (1943)*

Die Regierung des Deutschen Reiches sieht im Christentum die Grundlage für die sittliche und religiöse Erneuerung unseres Volkes, für die Überwindung von Haß und Lüge, für den Neuaufbau der europäischen Völkergemeinschaft ...

*Reichsaufbau*
Das Reich bleibt die oberste Führungsmacht des deutschen Volkes. Seine politische Verfassung soll von echter Autorität, Mitarbeit und Mitverantwortung des Volkes getragen sein. Sie beruht auf der natürlichen Gliederung des Volkes: Familie, Gemeinde und Land. Der Reichsaufbau folgt den Grundsätzen der Selbstverwaltung. In ihr vereinigen sich Freiheit und persönliche Verantwortung mit den Erfordernissen der Ordnung und Führung.
Dieser Aufbau soll die Einheit und die zusammenfassende Führung des Reiches sichern und seine Eingliederung in die Lebensgemeinschaft der europäischen Völker ermöglichen.
Die politische Willensbildung des Volkes vollzieht sich in einem Rahmen, der für den einzelnen überschaubar bleibt. Auf den natürlichen Gliederungen der Gemeinde und Kreise bauen sich landschaftlich, wirtschaftlich und kulturell zusammengehörige Länder auf ...
Die Aufgabenverteilung erfolgt nach dem Grundsatz, daß jede Körperschaft für die selbständige Erledigung aller Aufgaben zuständig ist, die sie in sinnvoller Weise selbst durchführen kann ...
I. Die Gemeinde
Gemeindevertretungen werden von allen Wahlberechtigten in geheimer, unmittelbarer Wahl gewählt.

Aktiv wahlberechtigt ist jeder, der das 21. Lebensjahr vollendet hat oder Kriegsteilnehmer ist; Familienoberhäupter erhalten für jedes nicht wahlberechtigte Kind eine zusätzliche Stimme; wählbar ist jeder, der das 27. Lebensjahr vollendet hat und auf dessen Kandidatur sich eine nach Größe der Gemeinde zu bestimmende Zahl von Wahlberechtigten einigen; nicht wählbar sind Waffenträger.

II. Der Kreis

Die Vertretungen in den Kreisen und den kreisfreien Städten werden nach der Wahl der Gemeindevertretungen entsprechenden Grundsätzen gewählt . . .

III. Das Land

1. Der Landtag der Länder und die Stadtversammlung der kreisfreien Städte wird von den Vertretungen der Kreise und Städte bzw. von den Vertretungen der Untergliederungen solcher Städte gewählt. Wählbar ist jeder männliche Landes- oder Stadtbürger, der das 27. Lebensjahr vollendet hat. Nicht wählbar sind politische Beamte und Waffenträger . . .

Dem Landtag obliegen folgende Aufgaben: Beschlußfassung über Haushalt, Steuern und Landesgesetze; Fragerecht gegenüber dem Landeshauptmann und Resolutionsrecht zu allen Fragen der allgemeinen Landespolitik und Landesverwaltung. Wahl des Landesverwesers auf Vorschlag des Landesrates.

2. Die Landesregierung besteht aus dem Landeshauptmann und der erforderlichen Anzahl von Staatsräten. Der Landeshauptmann wird vom Landtag auf Vorschlag des Landesverwesers gewählt. Die Staatsräte werden vom Landeshauptmann auf Vorschlag des Landesverwesers ernannt . . .

3. Dem Landesrat obliegt es, dem Landtag Kandidaten für die Wahl des Landesverwesers vorzuschlagen, Empfehlungen an den Landtag zu richten und die Disziplinargewalt über die Mitglieder der Landesregierung auszuüben.

4. Der Landesverweser wird auf Vorschlag des Landesrats durch den Landtag auf 12 Jahre gewählt und vom Reichsverweser in seinem Amt bestätigt.

Dem Landesverweser obliegt die Überwachung der gesamten Landesverwaltung und die Ernennung der Beamten. Er trägt die Verantwortung für die Verwirklichung der Reichspolitik in dem Lande. Er führt den Vorsitz im Landesrat.

IV. Das Reich

1. Der Reichstag wird von den Landtagen gewählt. Wählbar ist jeder männliche Reichsbürger, der das 27. Lebensjahr vollendet hat. Nicht wählbar sind politische Beamte und Waffenträger . . .

Dem Reichstag obliegen folgende Aufgaben: Beschlußfassung über den Reichshaushalt, die Reichssteuern und die Reichsgesetze. Fragerecht gegenüber dem Reichskanzler und Resolutionsrecht zu allen Fragen der Reichspolitik. Wahl des Reichsverwesers auf Vorschlag des Reichsrats.

2. Die Reichsregierung besteht aus dem Reichskanzler und den Fachministern. Der Reichskanzler wird von dem Reichsverweser mit Zustimmung des Reichstags berufen. Die Minister werden vom Reichsverweser auf Vorschlag des Reichskanzlers ernannt.

Der Reichsverweser kann den Reichskanzler abberufen; die Abberufung wird mit der Ernennung eines neuen Reichskanzlers wirksam. Der Reichstag hat das Recht, die Abberufung des Reichskanzlers mit qualifizierter Mehrheit zu verlangen, sofern er zugleich dem Reichsverweser die Berufung eines neuen Reichskanzlers vorschlägt.

3. Der Reichsrat besteht aus den Landesverwesern, dem Präsidenten des Reichstages und der

Reichswirtschaftskammer und aus vom Reichsverweser mit Zustimmung der Reichsregierung auf 8 Jahre berufenen Reichsräten. Der Reichsrat soll dem Reichstag Kandidaten für die Wahl des Reichsverwesers vorschlagen, Grundsätze für die Versetzung von Beamten aus einem Land in ein anderes Land und aus dem Dienst eines Landes in den Dienst des Reiches festsetzen, Empfehlungen an den Reichstag richten, die Disziplinargerichtsbarkeit über die Reichsregierung und die Landesverweser ausüben.

4. Der Reichsverweser wird auf Vorschlag des Reichsrats vom Reichstag auf 12 Jahre gewählt.

Der Reichsverweser hat den Oberbefehl über die Wehrmacht und den Vorsitz im Reichsrat. Mit der Gegenzeichnung des Reichskanzlers vertritt er das Reich nach außen. Er vollzieht die Reichsgesetze, ernennt und entläßt die Reichsminister und Reichsbeamten.

*Kirche, Kultur, Bildungswesen*

Die Reichsregierung begrüßt die entschlossene Mitarbeit der beiden großen christlichen Kirchen an der öffentlichen Lebensgestaltung. Die öffentliche Ausübung der gottesdienstlichen, seelsorgerischen und erzieherischen Wirksamkeit der beiden christlichen Kirchen wird nicht behindert und steht unter dem Schutz der Reichsregierung. Die Entfaltung religiösen Schrifttums wird wieder ermöglicht. Im gesamten Bildungswesen sowie in Film und Rundfunk erhält das christliche Gedankengut wieder den ihm gebührenden Platz . . .

Den Eltern steht das Recht zu, ihre Kinder nach den Grundsätzen des christlichen Glaubens und nach den Forderungen ihres eigenen Gewissens zu erziehen . . .

Familie, Kirche und Schule leisten die Erziehungsarbeit gemeinsam. Dabei soll die Schule das Recht des Kindes auf eine ihm gemäße Erziehung verwirklichen. Sie soll seine sittlichen Kräfte wecken und stärken und ihm jenes Maß von Wissen und Können vermitteln, das dem geforderten Leistungsbild seiner Altersstufe entspricht.

Die Charaktererziehung bildet einen anständigen Menschen religiöser Grundhaltung, der gute Sitte und Rechtlichkeit, Wahrheit und Aufrichtigkeit, Nächstenliebe und Treue vor seinem Gewissen zur Richtschnur seines Daseins zu machen imstande ist. Der so erzogene Mensch wird die Reife besitzen, selbstverantwortlich Entscheidungen zu treffen. Lernen dient der sittlichen Bildung der Persönlichkeit und der Vorbereitung auf das praktische Leben.

Fachschulen und höhere Schulen, die auf der Volksschule oder deren Grundstufe aufbauen, schaffen in ständiger Fortführung der Volksschularbeit bei wachsender Mitverantwortung des Schülers ein organisch gefügtes Wissen und Können.

Die Staatliche Schule ist eine christliche Schule mit Religionsunterricht als Pflichtfach für die Angehörigen der beiden Konfessionen. Der Unterricht wird im Auftrage der Kirchen nach Möglichkeit durch Geistliche erteilt.

*Wirtschaft*

1. Alle in der Wirtschaft tätigen Menschen haben gleiche Mindestpflichten zu erfüllen. Zu diesen Mindestpflichten gehören Ehrlichkeit und Sauberkeit in der Wirtschaftsführung, Vertrags- und Arbeitstreue im Rahmen der abgeschlossenen Verträge.

Die Existenzsicherung der Werktätigen ist um ihrer Menschenwürde willen Aufgabe der Wirtschaftsführung. Zugleich sind alle Anstrengungen zu machen, um das durch die schweren Wirtschaftsschäden des Krieges zunächst beeinträchtigte Existenzminimum möglichst bald und allgemein zu heben . . .

2. Die Reichsregierung sieht die Grundlage des Wiederaufbaues der Wirtschaft in einem

geordneten Leistungswettbewerb, der sich im Rahmen staatlicher Wirtschaftsführung vollzieht und hinsichtlich seiner Methoden unter ständiger staatlicher Aufsicht steht ...
Das Gemeinschaftsinteresse der Wirtschaft an den Großindustrien erfordert in besonderem Maße bei diesen Industriezweigen eine straffe Wirtschaftsführung des Staates. Schlüsselunternehmen des Bergbaues, der eisen- und metallschaffenden Industrie, der Grundchemie und Energiewirtschaft werden in das Eigentum der öffentlichen Hand überführt werden ...
Die Reichsregierung fördert die Entwicklung des Betriebes zu einer Wirtschaftsgemeinschaft der in ihm schaffenden Menschen. In einer solchen „Betriebsgewerkschaft" genannten Gemeinschaft wird die Beteiligung der Belegschaft an der Betriebsführung und an den Betriebsergebnissen, insbesondere dem Wertzuwachs des Betriebes, zwischen dem Eigentümer des Betriebes und der Vertretung der Belegschaft vereinbart. Diese Vereinbarung unterliegt der Genehmigung der wirtschaftlichen Selbstverwaltungskörperschaft des Landes.
3. Die „Deutsche Gewerkschaft" ist ein notwendiges Mittel zur Durchführung des dargestellten wirtschaftlichen Programms und des in diesem vorausgesetzten Staatsaufbaus. Sie findet ihre Erfüllung in der Durchsetzung dieses Programms und der Überleitung der von ihr wahrgenommenen Aufgaben auf die Organe des Staates und der wirtschaftlichen Selbstverwaltung. Sollten die Aufgaben, die die „Deutsche Gewerkschaft" wahrzunehmen hat, ihr Weiterbestehen erfordern, so ist ihr Aufbau dem Staats- und Wirtschaftsaufbau anzupassen.
4. ... Die Gewerbekammern und die Landwirtschaftskammern werden paritätisch aus Betriebsführern und Belegschaftsvertretern zusammengestellt, die durch Wahl ermittelt werden ...
Den Kammern obliegt die Selbstverwaltung der Wirtschaft ... Zu den Selbstverwaltungsaufgaben gehört insbesondere die Überwachung der auf eine neunjährige Schulzeit sich aufbauenden beruflichen Lehre, die den Erfordernissen der Gesamtwirtschaft anzupassen und im allgemeinen auf zwei Jahre zu bemessen ist. Für die berufliche Fortentwicklung ist durch geeignete Einrichtungen fachlicher und materieller Art zu sorgen.
Die Reichswirtschaftskammer als Spitze der wirtschaftlichen Selbstverwaltung wird aus Delegierten der Landeswirtschaftskammern gebildet ...

Zit. nach Ger van Roon, Neuordnung im Widerstand – Der Kreisauer Kreis innerhalb der deutschen Widerstandsbewegung, München 1967, S. 561 ff.

## 5. Beck: Aufruf an die Wehrmacht (20. 7. 1944)

Soldaten!
Tapfer und todesmutig habt Ihr vier Jahre hindurch gekämpft, ohne je zu verzagen, allen Gefahren trotzend, unbekümmert um alle Mühen und Leiden, nur durchdrungen von eisernem Pflichtgefühl und glühender Liebe zu Volk und Vaterland. Keine Aufgabe war Euch zu schwer, kein Opfer zu groß. Erfüllt von dem Glauben, der Krieg sei gerecht und notwendig, um das nach dem ersten Weltkrieg geschehene Unrecht wieder gutzumachen und unsere Freiheit zu sichern, seid Ihr in den Kampf gezogen. Zu Lande, in der Luft und auf der See habt Ihr Gewaltiges geleistet und den Lorbeer der Unüberwindlichkeit an Eure Fahnen geheftet. Und trotzdem ist ein Ende des Krieges nicht abzusehen. Eure Heimkehr zu

Frau und Kindern, nach Haus und Hof zu friedlicher Arbeit scheint in weite Ferne gerückt zu sein. Ihr werdet Euch selbst schon oft genug gefragt haben, wie das zu erklären ist. Antwort habt Ihr nicht gefunden. Denn eine Propaganda, die vor keiner Lüge zurückschreckt, mit eurem Heldenmut und Eurem Leben gewissenlos spielt, hat Euch den Blick getrübt. In Wirklichkeit ist die Antwort klar und einfach: Eine Staatsführung, die die Politik nicht mehr als die Kunst des Möglichen ansieht und die Erreichung ihrer Ziele nicht mit sparsamstem Kräfteeinsatz anstrebt, sondern in phantastischen Plänen grenzenloser Eroberungen schwelgt, die überhaupt keine sittlichen Bindungen weder dem eigenen noch einem anderen Volke gegenüber anerkennt, kann niemals zu einem Frieden mit den übrigen Völkern gelangen. Hieran können Eure Führer nichts ändern, sie erwirken bei solcher Staatsführung nur immer maßlosere Wünsche. Statt einer weisen Beschränkung auf die wahren Lebensnotwendigkeiten unseres Volkes wurde unter dem Deckmantel einer Neuordnung Europas die Unterwerfung fast des ganzen Erdteiles betrieben. Die besiegten Völker wurden unterjocht und ausgebeutet, statt sie durch weise Rücksicht auf ihren nationalen Stolz, auf ihren Freiheitswillen und auf ihre Lebensinteressen zu gewinnen und Brücken zu einer dauerhaften Verständigung zu schlagen. So hat die Staatsführung die klaren Lehren der Geschichte, die solches Vorgehen zur Erfolglosigkeit verurteilen, mißachtet und überall statt Vertrauen Haß gesät. Sie hat damit den Weg zu einem baldigen dauerhaften Frieden sich hemmungslos verbaut.

Wir wünschen keine Versklavung anderer Völker. Die Freiheit, die unsere Väter im vorigen Jahrhundert für Deutschland als köstlichstes Gut völkischen Lebens errungen und die wir in gleicher Begeisterung zu hüten haben, muß auch allen anderen Völkern zugestanden werden. Denn nur auf dieser Grundlage kann die Kluft überbrückt werden, die eine hemmungslose, machtberauschte Politik aufgerissen hat. Ein Weiteres noch droht Euch um den Erfolg Eurer Siege zu bringen, die Ihr unter Führung geschulter und erfahrener Männer erfochten habt: das „Feldherrngenie" Hitlers, das er in wahnwitziger Verblendung sich selbst angemaßt hat und das ihm von Speichelleckern aufs Widerlichste angehimmelt worden ist. Wer einen Stiefel besohlen will, muß es gelernt haben. Wer ein Millionenheer führen will, muß die Fähigkeit dazu auf den verschiedenen Stufenleitern harten militärischen Dienstes erlernt und bewiesen haben . . .

Vielleicht haben wir schon zu lange gezögert, aber wir dürfen nicht mehr weiter warten. Denn nun bereitet man den gewissenlosesten Schlag vor, die Führer der Wehrmacht für das ganze Unglück verantwortlich zu machen. Wir müssen handeln, weil – und das wirkt am schwersten – in Eurem Rücken Verbrechen begangen wurden, die den Ehrenschild des deutschen Volkes beflecken und seinen in der Welt erworbenen guten Ruf besudeln. Selbstsüchtige Kreaturen in hohen und höchsten Stellen haben sie zugelassen oder gar selbst begangen. Sie haben den Krieg dazu benutzt, sich schamlos auf Kosten des eigenen und fremder Völker zu bereichern und aus der Not der Armen und dem Elend der Unglücklichen Nutzen zu ziehen. Diese Männer haben sich nicht gescheut, sich mit dem Ruhm Eurer Heldentat zu brüsten, ohne daß sie selbst den Krieg je im Leben gespürt haben. Ihr werdet die Einzelheiten erfahren. Wir werden mit unerbittlicher Strenge in öffentlichen Verfahren durchgreifen. Das Schlimmste ist, daß dies schamlose Treiben von Adolf Hitler befohlen oder gebilligt wurde. Eine solche Führung, ob wahnwitzig oder voll verantwortlich, hat den Anspruch auf Gehorsam vor Gott und den Menschen verwirkt, denn sie hat den Eid gebrochen, den sie selbst einst dem Vaterlande geschworen hat, dem sie wie jeder Bürger

unterworfen ist, und damit die Treue, die sie dem Eidleistenden schuldig ist, mit Füßen getreten. Sie könnte Volk und Vaterland nur noch einer schimpflichen, furchtbaren Katastrophe entgegenführen. Dies zu verhindern, sind wir fest entschlossen ...
Soldaten! Noch ist die Stunde nicht gekommen, sich dem Gedanken des Friedens hinzugeben. Noch müssen wir kämpfen, um zu verteidigen und zu retten, was uns teuer ist, bis ein ehrenvoller Ausgang des Krieges gesichert ist. Viererlei verspreche ich Euch aber schon jetzt:
Erstens: Nur solche Opfer werden von Euch verlangt werden, die nach gewissenhafter Prüfung unbedingt notwendig sind, um uns zu verteidigen und den Krieg zu gutem Ende zu führen.
Zweitens: Vertrauenswürdige, sachkundige deutsche Männer werden alles daransetzen, um zu einem dauerhaften, unsere Zukunft sichernden Ausgleich mit allen Völkern zu kommen.
Drittens: Hinter Eurem Rücken und unter Eurem Schutz werden wieder Recht und Gerechtigkeit, Anstand und Sauberkeit, Sachkunde und selbstlose Pflichterfüllung herrschen.
Viertens: Nach dem Kriege wird alle Kraft des Volkes eingesetzt werden, um Wohnungen, Hausrat und Nahrung und wahrhaft soziales Zusammenleben zu schaffen. Ein klares Lebensziel ruhiger friedlicher Arbeit soll vor uns stehen. Wir alle werden hart arbeiten und einfach leben müssen, aber wir werden dafür wieder Kraft und Reichtum der Seele finden.
Ich vertraue, daß Front und Heimat, alle vereint in gesammelter Kraft, weiter ihre Pflicht bis zum Äußersten tun in Demut vor Gott, für Ehre und Freiheit, für Volk und Vaterland.

Zit. nach Gerhard Ritter, Carl Goerdeler und die deutsche Widerstandsbewegung, 4. Aufl. Stuttgart 1984, S. 622 ff.

## 6. Generalmajor Henning von Tresckow nach dem Scheitern des Attentats (21. 7. 1944)

Jetzt wird die ganze Welt über uns herfallen und uns beschimpfen. Aber ich bin nach wie vor der felsenfesten Überzeugung, daß wir recht gehandelt haben. Ich halte Hitler nicht nur für den Erzfeind Deutschlands, sondern auch für den Erzfeind der Welt. Wenn ich in wenigen Stunden vor den Richterstuhl Gottes treten werde, um Rechenschaft abzulegen über mein Tun und Unterlassen, so glaube ich mit gutem Gewissen das vertreten zu können, was ich im Kampf gegen Hitler getan habe. Wenn einst Gott Abraham verheißen hat, er werde Sodom nicht verderben, wenn auch nur zehn Gerechte darin seien, so hoffe ich, daß Gott auch Deutschland um unseretwillen nicht vernichten wird. Niemand von uns kann über seinen Tod Klage führen. Wer in unseren Kreis getreten ist, hat damit das Nessushemd angezogen. Der sittliche Wert eines Menschen beginnt erst dort, wo er bereit ist, für seine Überzeugungen das Leben hinzugeben.

Zit. nach Schönbrunn, a. a. O., S. 540

## 7. NS-Sprachregelung zu den Vorgängen des 20. Juli 1944

Der Begriff des Offiziers ist auf diese Verschwörer nicht anzuwenden; vielmehr ist Wert darauf zu legen, daß erklärt wird, diese Männer seien überspitzt ehrgeizig, verräterisch, politisch dumm und im höchsten Maße treulos.
Die Verbrecher waren in sozialer und politischer Hinsicht reaktionär.

Die Ereignisse des 20. Juli stellen das größte Verbrechen der deutschen Militärgeschichte dar, das dadurch in seiner Erbärmlichkeit und Schändlichkeit noch mehr hervortritt, weil es sich in schwerster Stunde des Krieges zutrug. Das deutsche Volk hat überall mit Leidenschaft rücksichtslose Ausrottung auch des letzten Verschwörers dieses Komplotts gefordert. Diese Forderung entsprang eindeutig dem gesunden Instinkt unseres Volkes.
Der wirkliche Soldat hat mit dem Verbrechergesindel nichts gemeinsam. Die gesamte Wehrmacht ging makellos aus diesem Putschversuch hervor.
Das Ziel der Verräter war, den Volksstaat Adolf Hitlers mit seinen politischen und sozialen Errungenschaften zu beseitigen und das Volk in Abhängigkeit einer kleinen Clique reaktionärer, verkalkter Volksfeinde zu bringen.
Diese Kamarilla von verräterischen Elementen ist es gewesen, die seit jeher aus Haß gegen die Bewegung und aus dünkelhaftem Kastengeist die Durchführung der nationalsozialistischen Idee in der Wehrmacht zu verhindern suchte. Diese Clique war es, die sich auch immer wieder dagegen gesträubt hat, daß frontbewährte, nationalsozialistisch überzeugte Offiziere in der Wehrmacht mit Führungsstellen beauftragt wurden.

Zit. nach Jacobsen-Jochmann, a.a.O., J, S. 4

## 8. Der deutsche Widerstand heute

Die Opposition gegen Hitler war in Deutschland und im Ausland seit je umstritten. Einige priesen sie, die Mehrheit jedoch registriert nur ihre Fehler oder verdammt sie als Landesverrat. Auch Ost und West können sich auf keinen Nenner einigen. Nach östlicher Version hat einzig die Arbeiterklasse Widerstand geleistet; im Westen wird zugunsten der Militärs und der bürgerlichen Frondeure um die Linke ein Bogen gemacht.
Einzig Stauffenberg, scheint es, wird von beiden Seiten beansprucht und gefeiert. Sowjetische und DDR-Historiker loben ihn als einen Patrioten, der „unser ist"; in der Bundesrepublik versichern nicht nur Tagesbefehle, daß „wir zu Stauffenberg stehen".
In alledem steckt Selbstbetrug und Schizophrenie. Weder Ost noch West haben ein Recht, sich auf den Widerstand gegen Hitler zu berufen. Was dieser Widerstand wollte, ist nirgendwo Wirklichkeit geworden. Das gilt – je nach Standort – im Positiven wie im Negativen. Der Widerstand ging 1944 zugrunde. Seitdem ist eine andere Epoche angebrochen, die neue Wirklichkeiten geschaffen hat. Niemand kann für sie ungeprüft beanspruchen, was vor ihrem Beginn gedacht worden ist. Gleichwohl glauben wir den Widerstand für alles anrufen zu können. Die Folge können nur Unbehagen und Widerstreben sein . . .
Nehmen wir die Generale, bei denen man sich beinahe an jeden halten könnte: sie hatten in der Weimarer Republik, die auf die Reichswehr ohne Vertrauen herabsah, keine Heimstatt finden können. Sie hatte die Ohnmacht jenes 100000-Mann-Heeres erbittert, das nicht einmal den Armeen Polens und der Tschechoslowakei gewachsen gewesen wäre. Hitler versprach ihnen nicht nur eine Wiederaufrüstung, welche die Wehrmacht befähigen sollte, das Reich zu verteidigen; er wollte auch für ein besseres Ansehen des Soldaten bürgen. All das entschied nicht zuletzt über die Haltung der jungen Offiziere. Man lese die Briefe Stieffs, und man wird einen Geist gewahren, der geradezu prädestiniert war, Hitler und seinen Zielen anheimzufallen. Dies galt auch für den Stauffenberg des Jahres 1933.
Wir mögen diese Tatsachen beklagen. Wir mögen jene, die Hitler nicht durchschauten,

heute kurzsichtig nennen. Wahrheit bleibt, daß er sich zunächst auf die Männer stützen konnte, die ihn am 20. Juli 1944 auf Leben oder Tod bekämpfen sollten. Selbst die Kirchen haben dem Nationalsozialismus anfangs Kredite nicht versagt. Wohl suchte der Papst die Rechte seiner Kirche durch ein Konkordat zu sichern, nach dessen Abschluß Hitler gleichsam hoffähig geworden war. Doch in dem Willen, eine nationale Gesinnung – auch im Geiste der nationalsozialistischen „Bewegung" – zu bezeugen, wollte keine der Konfessionen zurückstehen.

Nicht einmal die politische Linke leistete nachdrücklichen Widerstand. Gewiß: Leber und Mierendorff litten seit 1933 in Gefängnissen und Konzentrationslagern, ohne ihre feste Gesinnung und Haltung preiszugeben. Aber selbst wer Wels' tapfere Absage an das Ermächtigungsgesetz anerkennt, muß einräumen, daß die bereits angeschlagene oder unterdrückte Linke zum Rückzug entschlossen war.

Vollends verfielen viele Konservative Hitler und seiner Macht. Versprach er doch lautstark und beredt, nicht wenige ihrer Wünsche zu erfüllen. Somit mußte der Nationalsozialismus zunächst jene lähmen, die eine nationale Wiedergeburt ihres Vaterlandes ersehnten. Es bleibt ein Verdienst der jüngsten Forschung, eindeutig herausgearbeitet zu haben, daß die konservativnationalen Honoratioren manchen von Hitlers Zielen und Erfolgen zustimmen *mußten*. Wie er, so wünschten sie die Folgen des Ersten Weltkrieges zu überwinden. Wie er, so zielten sie auf ein machtvolles Reich. Wohl erstrebten sie machtpolitische Revisionen ohne Krieg: als Hitler Miene machte, die Tschechoslowakei anzugreifen und damit einen zweiten Weltbrand zu entfachen, entschlossen sie sich zur Gegenwehr. Doch auch später bedurfte es erst des Einflusses der Kreisauer, um sie übernationale Pläne erwägen zu lassen ...

Gewiß kann man darüber streiten, ob die Grenzen, an denen Goerdeler festzuhalten suchte, je zu erhalten waren. Ihm schwebte in Ostmitteleuropa eine Ordnung vor, welche die Sowjetunion auf die Vorkriegsgrenzen, wenn nicht darüber hinaus zurückgedrängt hätte. Langsam nur paßte er seine Konzeptionen dem Fortgang des Krieges an, der Deutschland zunehmend all seiner Chancen beraubte. Doch auch Goerdelers Deutschland hatte nichts mit dem nationalsozialistischen Imperialismus gemein, an dem das Reich zugrunde zu gehen drohte. Dieses Reich, das er zu retten suchte, wäre eine Vormacht Europas geblieben; aber es hätte Europa weder erdrückt noch geknebelt. Derartige Grundhaltungen trennten die angeblich „reaktionäre" Fronde von dem Mann, den sie schließlich, in Erkenntnis seiner Verderblichkeit, zu stürzen suchte ...

Gewiß kann man Beck und Goerdeler – und sie stehen auch hier wiederum im Mittelpunkt abwertender Kritik – autoritäres Staatsdenken und damit Mangel an demokratischer Gesinnung vorhalten. Aber wie man sich fragen müßte, ob damals die Demokratie geplant werden konnte, von der her man heute urteilt, so bleibt auch das Stichwort Reaktion abwegig. Selbst Beck und Goerdeler strebten nicht nach Weimar zurück. Beide waren bemüht, aus ihren Erfahrungen zu lernen. Zwar erwogen beide bis Kriegsbeginn die Restauration der Monarchie. Doch ihre Denkschriften „Der Weg" und „Das Ziel" bewiesen, daß nicht zuletzt sie eine in die Zukunft weisende Ordnung anstrebten ...

Am ehesten scheint noch das Verdikt des reinen Konservativismus in der Fronde zuzutreffen. Doch auch er repräsentierte eine Tradition, auf die sich Hitler niemals berufen konnte. Man kann diesem Konservativismus vorhalten, daß er sich an überholte Sozialstrukturen geklammert und einen aussichtslosen Kampf gegen die Modernität gekämpft hat. Wo er indes als Weltanschauung gelebt wurde – und hier wäre nochmals an Ewald von Kleist zu erinnern, der Hitlers Machtantritt und Englands Kapitulation in München zu verhindern suchte –, da wußte er sich nicht beliebiger Menschensatzung, sondern göttlichen Geboten verpflichtet. Von hier führte keine Brücke zum Nationalsozialismus und seinem Staat. Denn dieser Fixpunkt schloß jene bindungslose Selbstherrlichkeit aus, auf die Hitler eingeschworen war und mit der die größten Katastrophen heranzureifen pflegen . . .

Aus: Bodo Scheurig, Helden oder Versager?, in: „Die Zeit" vom 21. 7. 1967, S. 26

## Die bedingungslose Kapitulation

### Arbeitsthemen

1. *Auf welche Behandlung des militärisch besiegten Deutschland einigten sich die „Großen Drei" auf der Jalta-Konferenz? Läßt sich anhand des Vereinbarungstextes die häufig vertretene Meinung begründen, daß entscheidende Regelungen offengelassen bzw. ausgeklammert wurden? (Nr. 1 a–1 c)*
2. *Welche Auswirkungen des Krieges auf die wirtschaftlichen und sozialen Verhältnisse in Deutschland lassen sich den statistischen Übersichten entnehmen? Welche Rückschlüsse auf die verfügbaren militärischen Möglichkeiten bieten sich an? (Nr. 2 a–2 d)*
3. *In welchen Bestimmungen dokumentiert sich die „Bedingungslosigkeit" der deutschen Kapitulation? (Nr. 3)*
4. *Welche Elemente, Etappen und Ergebnisse des Zweiten Weltkriegs hebt der Kriegshistoriker H. A. Jacobsen in seinem Versuch einer Bilanz hervor? (Nr. 4)*

### Materialien

### 1. Jalta-Konferenz: Die künftige Friedensordnung in Europa

*(Erklärung von Jalta vom 11. 2. 1945)*

Die folgende Erklärung wird durch den Premierminister von Großbritannien, den Präsidenten der Vereinigten Staaten von Amerika und den Vorsitzenden des Rates der Volkskommissare der Union der Sozialistischen Sowjetrepubliken als Ergebnis der Krimkonferenz abgegeben:

I. Die Niederwerfung Deutschlands . . .

II. Die Besetzung und Kontrolle Deutschlands
Wir haben uns über eine gemeinsame Politik und Pläne für die Durchführung der Regeln einer bedingungslosen Übergabe, welche wir zusammen Nazi-Deutschland aufzwingen werden, nachdem der deutsche bewaffnete Widerstand restlos gebrochen sein wird, geeinigt. Diese Regeln werden erst bekanntgegeben werden, bis die endgültige Niederlage Deutschlands erreicht ist. Der angenommene Plan sieht vor, daß die Streitkräfte der drei Mächte je eine separate Zone in Deutschland besetzen werden. Eine koordinierte Administration und Kontrolle ist im Plan durch eine zentrale Kontrollkommission vorgesehen,

welche aus den Oberkommandierenden der drei Mächte mit dem Hauptsitz in Berlin bestehen wird. Es wurde beschlossen, daß Frankreich durch die drei Mächte eingeladen werden soll, falls es dies wünscht, eine Besatzungszone zu übernehmen und als viertes Mitglied der Kontrollkommission teilzunehmen. Die Grenzen der französischen Zone werden von den vier betreffenden Regierungen durch ihre Vertreter bei der Beratenden Europäischen Kommission bestimmt werden.

Es ist unsere unbeugsame Absicht, den deutschen Militarismus und Nazismus zu vernichten und sicherzustellen, daß Deutschland niemals wieder imstande sein wird, den Frieden der Welt zu zerstören. Wir sind fest entschlossen, alle deutschen Streitkräfte zu entwaffnen und aufzulösen; für ewige Zeiten den deutschen Generalstab auseinanderzubrechen, welcher des öfteren die Wiederauferstehung des deutschen Militarismus betrieben hat; alle deutschen militärischen Einrichtungen fortzuschaffen oder zu zerstören; die gesamte deutsche Industrie, welche für militärische Produktion genützt werden könnte, zu entfernen oder zu kontrollieren; alle Kriegsverbrecher einer gerechten und raschen Bestrafung zuzuführen und eine Wiedergutmachung in Waren für die Zerstörungen, welche durch die Deutschen verübt wurden, zu fordern; die Nazi-Partei, Nazigesetze, Organisationen und Einrichtungen auszumerzen; alle nazistischen und militaristischen Einflüsse aus den öffentlichen Ämtern und dem kulturellen und wirtschaftlichen Leben des deutschen Volkes zu entfernen und gemeinsam die Maßnahmen in Deutschland zu treffen, welche für den künftigen Frieden und die Sicherheit der Welt notwendig sein könnten. Es ist nicht unsere Absicht, das deutsche Volk zu vernichten. Aber nur wenn der Nazismus und Militarismus ausgemerzt sein werden, wird es Hoffnung für ein anständiges Leben für die Deutschen und einen Platz für sie in der Gemeinschaft der Völker geben.

III. Wiedergutmachung durch Deutschland

Wir haben die Frage des Schadens, welchen Deutschland den alliierten Nationen in diesem Kriege zugefügt hat, überlegt und es als recht befunden, daß Deutschland verpflichtet sei, für diesen Schaden in weitestmöglichem Maße Kompensation in Waren zu leisten. Eine Kommission für die Schadenskompensation wird errichtet werden. Die Kommission wird beauftragt werden, die Frage des Ausmaßes und der Methoden für die Kompensation des Schadens, welcher von Deutschland den alliierten Ländern zugefügt wurde, zu beraten. Die Kommission wird in Moskau arbeiten.

IV. Erklärung über das befreite Europa

... Die Herstellung der Ordnung in Europa und der Wiederaufbau des nationalen Wirtschaftslebens müssen durch solche Verfahren erreicht werden, die die befreiten Völker in die Lage versetzen, die letzten Spuren des Nationalsozialismus und des Faschismus zu beseitigen und demokratische Einrichtungen nach ihrer eigenen Wahl zu schaffen. In Übereinstimmung mit dem Grundsatz der Atlantikcharta über das Recht aller Völker, diejenige Regierungsform zu wählen, unter der sie leben möchten, muß die Wiederherstellung der souveränen Rechte und der Selbstregierung für jene Völker gewährleistet werden, die ihrer gewaltsam durch die Aggressor-Staaten beraubt wurden.

Um die Verhältnisse zu verbessern, unter welchen die befreiten Völker diese Rechte ausüben können, werden die drei Regierungen gemeinsam alle Völker irgendeines befreiten Landes oder eines ehemaligen Satellitenstaates der Achse in Europa unterstützen, wo immer nach ihrer Beurteilung die Verhältnisse es erfordern:

a) um die Grundlage für einen inneren Frieden zu schaffen;
b) um Notstandsmaßnahmen zu Hilfe bedrängter Menschen durchzuführen;
c) um einstweilige Regierungsbehörden zu bilden, in denen alle demokratischen Elemente der Bevölkerung weitgehend vertreten sind und die zur baldestmöglichen Einsetzung von frei gewählten und dem Willen des Volkes entsprechenden Regierungen verpflichtet sind, und
d) um dort, wo es notwendig ist, die Abhaltung solcher Wahlen zu erleichtern.
Durch diese Erklärung bekräftigen wir erneut unser Vertrauen auf die Grundsätze der Atlantikcharta und unseren Entschluß, in Zusammenarbeit mit anderen friedliebenden Nationen eine Weltordnung des Rechts aufzubauen, die dem Frieden, der Sicherheit, der Freiheit und dem allgemeinen Wohlergehen der gesamten Menschheit gewidmet ist.

VI. Über Polen

Eine neue Lage wurde in Polen infolge seiner völligen Befreiung durch die Rote Armee geschaffen. Dies verlangt die Einsetzung einer Provisorischen Polnischen Regierung, die auf eine breitere Grundlage gestellt werden kann, als es vor der kürzlichen Befreiung des westlichen Teils Polens möglich war. Die Provisorische Regierung, die jetzt in Polen amtiert, soll daher auf breiterer demokratischer Basis unter Einschluß von demokratischen Führungskräften aus Polen selbst und von im Ausland lebenden Polen umgebildet werden. Diese neue Regierung soll dann den Namen Provisorische Polnische Regierung der Nationalen Einheit tragen . . .
Diese Provisorische Polnische Regierung der Nationalen Einheit soll zur baldestmöglichen Abhaltung freier und uneingeschränkter Wahlen auf der Grundlage des allgemeinen Wahlrechts und geheimer Abstimmung verpflichtet werden. Alle demokratischen und antinazistischen Parteien sollen das Recht haben, an diesen Wahlen teilzunehmen und Kandidaten aufzustellen.
Wenn eine Provisorische Polnische Regierung der Nationalen Einheit ordnungsgemäß und in Übereinstimmung mit dem Obengesagten gebildet worden ist, werden die Regierung der UdSSR, die jetzt diplomatische Beziehungen mit der gegenwärtigen Provisorischen Regierung Polens unterhält, die Regierung des Vereinigten Königsreiches und die Regierung der USA diplomatische Beziehungen mit der neuen Provisorischen Polnischen Regierung der Nationalen Einheit herstellen und Botschafter austauschen . . .
Die drei Regierungschefs sind der Auffassung, daß die östliche Grenze Polens, mit Abweichungen in einigen Gebieten um fünf bis acht Kilometer zugunsten Polens, der Curzon-Linie folgen soll. Sie erkennen an, daß Polen im Norden und im Westen einen beachtlichen territorialen Zuwachs erhalten soll. Sie sind der Auffassung, daß die Meinung der neuen Provisorischen Polnischen Regierung der nationalen Einheit über das Ausmaß dieses Gebietszuwachses zu gegebener Zeit in Erfahrung gebracht werden und die endgültige Festlegung der Westgrenze Polens bis zur Friedenskonferenz aufgeschoben werden soll.

Zit. nach D. S. Clemens, Jalta, Stuttgart 1972, S. 318ff.

## 2. Statistische Daten zu Begleiterscheinungen, Folgen und Auswirkungen des Krieges

### *a) Arbeitskräftebilanz in Millionen*

| | 1939 | 1940 | 1941 | 1942 | 1943 | 1944 |
|---|---|---|---|---|---|---|
| Deutsche Beschäftigte | 39,1 | 34,8 | 33,1 | 31,3 | 30,3 | 28,4 |
| davon Frauen | 14,6 | 14,4 | 14,1 | 14,4 | 14,8 | 14,9 |
| Fremdarbeiter, Kriegsgefangene | 0,3 | 1,2 | 3,0 | 4,1 | 6,3 | 7,1 |
| Summe der Einberufenen | 1,4 | 5,7 | 7,4 | 9,4 | 11,2 | 13,0 |
| Summe der Verluste | – | 0,1 | 0,2 | 0,8 | 1,7 | 3,9 |
| Wochenstunden in der Industrie | 48,7 | 49,2 | 49,1 | 48,7 | 49,1 | 48,3 |
| Pf. Bruttostundenlohn Industrie | 80,8 | 84,8 | 90,3 | 89,3 | 90,1 | 90,1 |

Aus: Eberhard Aleff, Das Dritte Reich, 4. Aufl. Hannover 1970, S. 211

### *b) Tagesverbrauch an Lebensmitteln pro Kopf*

| | 1939 | 1940 | 1941 | 1942 | 1943 | 1944 | 1945 |
|---|---|---|---|---|---|---|---|
| Fleisch und Fisch, g | 163 | 137 | 131 | 111 | 105 | 96 | 96 |
| Butter, g | 23 | 25 | 27 | 25 | 24 | 25 | 21 |
| Fett, g | 43 | 29 | 24 | 20 | 16 | 16 | 15 |
| Kartoffeln, g | 486 | 458 | 542 | 577 | 697 | 595 | 573 |

Aus: Eberhard Aleff, a.a.O., S. 210

### *c) Rüstungsproduktion der Großmächte in Mrd. $; Preise von 1944*

| Land | 1935 –1939 | 1939 | –1941 | Steigerung 1940 –1941 in % | 1943 | Steigerung 1941 –1943 in % |
|---|---|---|---|---|---|---|
| USA | 1,5 | 0,6 | 4,5 | 200 | 37,5 | 733 |
| Großbritannien | 2,5 | 1,0 | 6,5 | 86 | 11,1 | 71 |
| Sowjetunion | 8,0 | 3,3 | 8,5 | 70 | 13,9 | 64 |
| Zusammen: | 12,0 | 4,9 | 19,5 | 95 | 62,5 | 221 |
| Deutschland | 12,0 | 3,4 | 6,0 | 0 | 13,8 | 130 |
| Japan | | | 2,0 | 100 | 4,5 | 125 |
| Zusammen: | | | 8,0 | | 18,3 | 129 |
| Verhältnis: | | | 1:2,4 | | 1:3,4 | |

Aus: H. A. Jacobsen, Der Zweite Weltkrieg, a.a.O., S. 565

*d) Die Entwicklung der Reichsschuld 1926 bis 1945 (Stand am Ende des Fiskaljahres, Werte in Mrd. RM)*

| 31. März | Lang- und mittelfristige Verschuldung davon: Insgesamt (Sp. 2–5) | Altschulden (vor dem 1. 4. 1924) | Auslandsschulden (inkl. kurzfristige) | Steuergutscheine (Umlauf) | Restliche Inlandsverschuldung | Kurzfristige Verschuldung davon: Insgesamt (Sp. 7–9) | Mefowechsel | Arbeitsbeschaffungsschuld | Restliche kurzfristige Verschuldung | Verschuldung insgesamt (Sp. 1 u. 6) |
|---|---|---|---|---|---|---|---|---|---|---|
| | 1 | 2 | 3 | 4 | 5 | 6 | 7 | 8 | 9 | 10 |
| 1926 | 8,4 | 7,4 | 0,9 | – | – | 0,1 | – | – | 0,1 | 8,5 |
| 1927 | 8,6 | 7,3 | 0,9 | – | 0,4 | 0,2 | – | – | 0,2 | 8,8 |
| 1928 | 8,4 | 7,0 | 0,9 | – | 0,5 | 0,2 | – | – | 0,2 | 8,6 |
| 1929 | 8,8 | 6,6 | 0,9 | – | 1,2 | 0,9 | – | – | 0,9 | 9,7 |
| 1930 | 8,8 | 5,7 | 1,1 | – | 2,0 | 1,7 | – | – | 1,7 | 10,5 |
| 1931 | 11,0 | 5,5 | 3,3 | – | 2,2 | 1,2 | – | – | 1,2 | 12,2 |
| 1932 | 11,0 | 5,3 | 3,2 | – | 2,5 | 1,2 | – | – | 1,2 | 12,2 |
| 1933 | 11,4 | 5,1 | 3,0 | 0,5 | 2,8 | 1,5 | – | 0,0 | 1,5 | 12,9 |
| 1934 | 11,1 | 4,9 | 2,0 | 1,4 | 2,8 | 3,3 | – | 1,4 | 1,9 | 12,4 |
| 1935 | 10,4 | 4,0 | 1,8 | 1,2 | 3,4 | 6,0 | 2,1 | 1,5 | 2,4 | 16,4 |
| 1936 | 11,7 | 3,8 | 1,7 | 0,9 | 5,3 | 8,9 | 4,9 | 1,1 | 2,9 | 20,6 |
| 1937 | 13,8 | 3,7 | 1,4 | 0,6 | 8,1 | 12,5 | 9,3 | 0,8 | 2,4 | 26,3 |
| 1938 | 16,8 | 3,5 | 1,3 | 0,3 | 11,7 | 14,7 | 12,0 | 0,4 | 2,3 | 31,5 |
| 1939 | 24,3 | 3,4 | 1,3 | 0,0 | 19,6 | 18,4 | 11,9 | – | 6,5 | 42,7 |
| 1940 | 29,9 | 3,2 | 1,2 | – | 25,5 | 33,6 | 11,4 | – | 22,2 | 63,5 |
| 1941 | 47,8 | 2,9 | 1,2 | – | 43,7 | 52,7 | 10,8 | – | 41,9 | 100,5 |
| 1942 | 70,8 | 2,7 | 1,2 | – | 66,9 | 81,4 | 10,1 | – | 71,3 | 152,2 |
| 1943 | 92,2 | 2,6 | 1,2 | – | 88,4 | 115,1 | 9,5 | – | 105,6 | 207,3 |
| 1944 | 119,2 | 2,4 | 1,2 | – | 115,6 | 164,9 | 8,8 | – | 156,1 | 284,1 |
| 1945 | 138,8 | 2,1 | 1,3 | – | 135,4 | 251,1 | 8,1 | – | 243,0 | 389,9 |

Aus: Wolfram Fischer, Deutsche Wirtschaftspolitik 1918–1945, a.a.O., S. 101

## 3. Die bedingungslose Kapitulation der deutschen Wehrmacht (7./8. 5. 1945)

1. Wir, die hier Unterzeichneten, die wir im Auftrage des Oberkommandos der deutschen Wehrmacht handeln, übergeben hiermit bedingungslos dem Obersten Befehlshaber der Alliierten Expeditionsstreitkräfte und gleichzeitig dem Oberkommando der Roten Armee alle gegenwärtig unter deutschem Befehl stehenden Streitkräfte zu Lande, zu Wasser und in der Luft.

2. Das Oberkommando der deutschen Wehrmacht wird unverzüglich allen deutschen Land-, See- und Luftstreitkräften und allen unter deutschem Befehl stehenden Streitkräften den Befehl geben, die Kampfhandlungen um 23.01 Uhr mitteleuropäischer Zeit am 8. Mai 1945 einzustellen, in den Stellungen zu verbleiben, die sie in diesem Zeitpunkt innehaben,

und sich vollständig zu entwaffnen, indem sie ihre Waffen und Ausrüstung den örtlichen alliierten Befehlshabern oder den von den Vertretern der obersten alliierten Militärführungen bestimmten Offizieren übergeben. Kein Schiff, Seefahrzeug oder Flugzeug irgendeiner Art darf zerstört werden, noch dürfen Schiffsrümpfe, maschinelle Einrichtungen oder Geräte, Maschinen irgendwelcher Art, Waffen, Apparaturen und alle technischen Mittel zur Fortsetzung des Krieges im allgemeinen beschädigt werden.
3. Das Oberkommando der deutschen Wehrmacht wird unverzüglich den zuständigen Befehlshabern alle von dem Obersten Befehlshaber der Alliierten Expeditionsstreitkräfte und dem Oberkommando der Roten Armee erlassenen zusätzlichen Befehle weitergeben und deren Durchführung sicherstellen.
4. Diese Kapitulationserklärung stellt kein Präjudiz für an ihre Stelle tretende allgemeine Kapitulationsbestimmungen dar, die durch die Vereinten Nationen oder in deren Namen festgesetzt werden und Deutschland und die deutsche Wehrmacht als Ganzes betreffen werden.
5. Im Falle, daß das Oberkommando der deutschen Wehrmacht oder irgendwelche unter seinem Befehl stehenden Streitkräfte es versäumen sollten, sich gemäß den Bestimmungen dieser Kapitulationserklärung zu verhalten, werden der Oberste Befehlshaber der Alliierten Expeditionsstreitkräfte und das Oberkommando der Roten Armee alle diejenigen Straf- und anderen Maßnahmen ergreifen, die sie als zweckmäßig erachten.
6. Diese Erklärung ist in englischer, russischer und deutscher Sprache aufgesetzt. Allein maßgebend sind die englische und die russische Fassung.
Unterzeichnet zu Berlin, am 8. Mai 1945.
gez. *v. Friedeburg* gez. *Keitel* gez. *Stumpff*

Zit. nach H. A. Jacobsen, Der Zweite Weltkrieg, a.a.O., S. 538f.

## 4. Versuch einer Bilanz

Der Zweite Weltkrieg hat die Verlagerung des Schwergewichts auf die wehrwirtschaftliche Seite, d. h. die starke Abhängigkeit der Kriegführung von einer intakten Wehrwirtschaft, einer ungestörten technischen Forschung und Entwicklung, besonders nachhaltig demonstriert.
Waren im 19. Jahrhundert die Kriegsmaßnahmen auf wirtschaftlichem Gebiet darauf abgestellt, den ganzen Bedarf an Ausrüstung und Unterhalt der im Mobilmachungsfall aufzustellenden und in den ersten Operationen einzusetzenden Verbände zu decken, so forderten um die Jahrhundertwende einige Fachleute, die „gesamte Volksernährung sozusagen als erweitertes Problem der Heeresverpflegung" für den Kriegsfall zu sichern. Als 1914 der Krieg ausbrach, war Deutschland wirtschaftlich nicht vorbereitet, erst im Laufe der folgenden Jahre baute es eine leistungsfähige Kriegswirtschaft auf. 1939 war die Situation nicht viel anders; die vorhandenen Kapazitäten und gehorteten Vorräte reichten gerade für die Führung einiger „Blitzfeldzüge". Trotz des höchsten Produktionsausstoßes an Waffen aller Art im Jahre 1943/44 büßte die deutsche Wehrmacht ihre operative Beweglichkeit ein, da die strategische Luftkriegführung der Alliierten innerhalb von wenigen Monaten 80 bis 90 Prozent aller Treibstoffvorräte lahmlegte. England gewann z. B. erst Zeit für den notwendigen beschleunigten Aufbau seiner Wehrwirtschaft, als Hitler das Unternehmen „Seelöwe", die geplante Landung auf der Insel, 1940 aufschob und sich mit

seiner Kriegführung Rußland zuwandte. Der ungeheure Verbrauch an Kriegsmaterialien aller Art zwang die Kriegführenden, ihre wirtschaftliche Kapazität voll und ganz auszuschöpfen; indessen zögerten sie zum Teil ebenso wenig, diejenige der von ihnen unterworfenen Völker rücksichtslos auszubeuten. Unterdessen geriet die Kriegswirtschaft der Vereinigten Staaten auf Hochtouren. War das Verhältnis der Rüstungsproduktion (in Milliarden Dollar) zwischen der „Achse“ (einschließlich Japan) und ihren drei großen Gegnern (USA, Großbritannien und UdSSR) 1941 noch 1 : 2,4, so verschob es sich 1943 bereits zu 1 : 3,4. Mitte 1944 verfügte Deutschland über 100 „Einheiten“ des kriegswichtigen Treibstoffes, während die Westmächte zur gleichen Zeit 2920 Einheiten produzierten. Oder bedenkt man die gewaltigen Materiallieferungen der USA im Rahmen des Pacht- und Leihabkommens an alle Verbündeten, darunter allein für die UdSSR über 13 000 Kampffahrzeuge, 2300 Geschütze, 500 000 LKW, 15 000 Flugzeuge, alles zusammen mehr als 17 500 933 englische Tonnen, dann kann man die Bedeutung des Faktors Wirtschaft im Kriege ermessen.
Im übrigen wurde jetzt Wirklichkeit, was der amerikanische Sezessionskrieg und der japanisch-russische Krieg im 19./20. Jahrhundert als Vorboten einer umwälzenden Kriegführung schon in den Anfängen offenkundig gemacht hatten: Die Kriegführenden strebten nicht mehr allein die Vernichtung der feindlichen Streitkräfte an, sondern auch die des wehrwirtschaftlichen Potentials, der Verkehrs- und Nachrichtenverbindungen. Mit allen Mitteln der Blockade, der modernen Massenmedien und des Luftkrieges versuchten sie, den Widerstandswillen des Gegners zu erschüttern oder diesen „auszuhungern“. Hinterland und Heimatgebiet verschmolzen mit der kämpfenden Front zur Einheit. Der Wettlauf auf dem Gebiet der Waffentechnik gipfelte in der Erfindung und im Abwurf der ersten Atombomben, die ein Zeitalter völlig neuartiger strategischer Waffen und der möglichen totalen Zerstörung ganzer Regionen ankündigten. Der ideologische Kampf und die revolutionäre Kriegführung aber steigerten nicht nur die Leidenschaften auf beiden Seiten ins Unkontrollierbare (Terror – Gegenterror), sondern rissen auch die Grenzen nationalstaatlicher Vorstellungen nieder und schufen neue Wertbezüge.
Hinzu kommt die sogenannte „demographische Explosion“. Das ungeheure Wachstum der Weltbevölkerung gab beiden Weltkriegen Ausmaße, die bis dahin unvorstellbar waren. Im ersten „totalen Krieg“, 1914–1918, hatten die Völker der Erde 60 Millionen Soldaten mobilisiert und an den verschiedenen Frontabschnitten eingesetzt. Über 9,2 Millionen Tote deckten die Schlachtfelder des mit allen Mitteln der modernen Waffentechnik geführten Krieges. Mehr als 500 000 Zivilisten fanden den Tod. Rußland und Deutschland brachten die höchsten Opfer, nämlich je 2 Millionen Tote. Von 1939 bis 1945 standen 110 Millionen Soldaten unter Waffen. Von ihnen fielen 27 Millionen im Kampf, während die Zivilbevölkerung in der Welt 25 Millionen Tote beklagte (darunter über 5 Millionen Opfer nationalsozialistischer Rassenpolitik). Einschließlich der Vermißten betrug die erschreckende Verlustbilanz (der gegenüber der große Bevölkerungszuwachs auf der Erde nur einen schwachen Trost bedeutete) 55 Millionen Menschen. Wieder waren Rußland und Deutschland am schwersten betroffen: Rußland verlor 13,6 Millionen und Deutschland 4,7 Millionen Soldaten; die Vereinigten Staaten zählten 259 000 Gefallene. Der indische Freiheitskampf kostete über 10 000 Opfer. Vernichtete der Bombenkrieg in Deutschland rund 1,63 Millionen Gebäude, über 500 Baudenkmäler von hohem Rang, und machte er 7,5 Millionen Menschen obdachlos, so zerstörten die Kampfhandlungen in der Sowjetunion 1710 Städte und Siedlungen, 70 000 Dörfer und Ortschaften und über 6 Millionen Gebäude aller Art.

Wer Verlauf und Ausgang des Zweiten Weltkrieges überblickt, wird die ungeheure Umwälzung erkennen, die sich durch ihn vollzogen hat oder durch ihn ausgelöst wurde.
Deutschland erlitt, begleitet von einer zweiten Völkerwanderung, die schwerste politisch-militärische Niederlage in seiner Geschichte; Italien und Japan, obwohl ebenfalls besiegt, blieb wenigstens die staatliche Einheit erhalten. Deutschland und Japan schieden als Weltmächte aus und wurden zu Mächten zweiter Ordnung. Als der Nationalsozialismus, der Faschismus und die Kräfte Nippons gleichzeitig die großen Demokratien und den Sowjetkommunismus in die Schranken forderten, hatten sie damit nicht nur ihr eigenes Schicksal besiegelt, sondern zugleich auch die letzten Dämme gegen den Bolschewismus in Europa und Asien niedergerissen. Denn die Demokratien waren in diesem weltweiten, erbarmungslosen Krieg gezwungen – wollten sie selbst überleben –, den Kommunismus an allen Fronten und in ihren Untergrundarmeen zu unterstützen. Dieses Zweckbündnis, von dem sich viele in den Jahren 1941–1944 eine dauerhafte Allianz versprachen, hielt allen Belastungen stand, bis die gemeinsamen Gegner niedergerungen waren. Es zerbrach in dem Augenblick, in dem der militärische Sieg errungen war und das Trennende zwischen den Bündnispartnern sichtbar wurde: Großbritannien und die USA hatten für das universalistische Prinzip der Demokratie gefochten, ein Prinzip, das jedem Staat ermöglichen sollte, die „Regierungsform zu wählen, unter der seine Angehörigen leben wollen"; die Sowjetunion aber, begünstigt durch ihren endgültigen Aufstieg zur zweiten führenden Weltmacht, den sie ihren und den alliierten Anstrengungen von 1941 bis 1945 zu verdanken hatte, nützte die historischen Stunden 1944/45, um ihr universalistisch-totalitäres Ordnungssystem des Marxismus-Leninismus mittels revolutionärer Kriegführung weiter auszubreiten. Diese Entwicklung wurde noch dadurch verschärft, daß sich seit dem Treffen an der Elbe (1945) amerikanisch-britische und sowjetische Truppen in Mitteldeutschland unmittelbar gegenüberstehen.
Der Zweite Weltkrieg hat das Kräfteverhältnis im europäischen und im Weltstaatensystem grundlegend verschoben und seine Schwerpunkte – unabhängig von der Gründung der Vereinten Nationen – nach Washington und Moskau verlagert. Anstelle des europäischen Gleichgewichts, das bereits durch den Ausgang des Ersten Weltkrieges erschüttert worden war, trat, ebenso als Folge der waffentechnischen Revolution, das bipolare Gleichgewicht der Supermächte, das sich erst heute wieder zu einem multilateralen System von Mächtegruppen und Staaten aufzulockern scheint.

Aus: Hans-Adolf Jacobsen, Zur Konzeption einer Geschichte des Zweiten Weltkrieges 1939–1945, Ffm 1964, S. 46ff.

# Kommentierendes Register

Das folgende Register soll die Arbeit mit dem Themenheft durch ergänzende Hinweise unterstützen. Es verzichtet folglich auf Angaben, die bereits aus den übersichten, Einführungen und Materialien hervorgehen.

**Akzise** (35)
*Seit dem Mittelalter erhobene indirekte Steuer auf Waren und Verbrauchsgüter*

**Antikominternpakt** (39)
*Der am 25. 11. 1936 – unter Umgehung des Auswärtigen Amtes – von Hitlers außenpolitischem Berater Ribbentrop ausgehandelte Vertrag zwischen dem Deutschen Reich und Japan betraf „die gemeinsame Abwehr gegen die Kommunistische Internationale" (Komintern) und sah in einem geheimen Zusatzprotokoll wechselseitige Neutralität im Falle eines „provozierten Angriffs oder einer nichtprovozierten Angriffsdrohung" vor. Der Antikominternpakt, der die Partner verpflichtete, nur „mit dem Geist dieses Abkommens" vereinbare Verträge zu schließen, und dem im November 1937 Italien beitrat, wurde in der Folge vom Deutschen Reich (Abschluß des deutsch-sowjetischen Nichtangriffspakts, August 1939) und Japan (rußlandfreundliche Politik seit dem chinesisch-japanischen Krieg, Juli 1937) verletzt. Dennoch wurde das auf 5 Jahre befristete Abkommen im November 1941 verlängert*

**Appeasement** (7; 20; 27; 31)
*(to appease = beschwichtigen, befrieden) Bezeichnung für die von der britischen Regierung in der Phase 1933–1939 verfolgte außenpolitische Grundtendenz der Beschwichtigung und des Ausgleichs gegenüber Hitler-Deutschland*

**Ardennenoffensive** (47)
*Die letzte große Angriffsoperation im Zweiten Weltkrieg auf deutscher Seite (Dezember 1944). Scheiterte nach anfänglichem Erfolg angesichts der Luftüberlegenheit der Alliierten*

**Area-Bombing** (49)
*Das im Zweiten Weltkrieg – vor allem von alliierter Seite – praktizierte Flächenbombardement der zivilen Bereiche aus der Luft*

**Atlantik-Charta** (45)
*Gemeinsame Erklärung des amerikanischen Präsidenten Roosevelt und des britischen Premierministers Churchill vom 14. 8. 1941 über die Grundsätze und die Ziele der Nachkriegspolitik ihrer Länder*

**Auschwitz** (71 f.)
*Stadt in der polnischen Woiwodschaft Krakau, am Zusammenfluß von Sola und Weichsel. Dort befand sich (seit Juli 1940) das größte deutsche Vernichtungslager, dessen Ausdehnung 40 qkm betrug. War zeitweilig mit mehr als 100000 Häftlingen belegt. Nach den späteren Schätzungen des Lagerkommandanten Höß wurden in Auschwitz 1,135 Millionen Menschen vergast*

**Baldwin, Stanley** (28)
*(1867–1947) Seit 1931 Führer der Konservativen. Von 1935–1937 britischer Premierminister; Anhänger der Appeasement-Politik*

**Beck, Ludwig** (30; 73; 75 ff.; 83 f.; 87)
*(1880–1944) Seit 1935 Chef des Generalstabs des Heeres. Trat aus Opposition gegen die Hitlerschen Kriegspläne im August 1938 zurück. Als führender Kopf des militärischen Widerstands war Beck als Staatsoberhaupt nach einem geglückten Aufstand vorgesehen. Erschoß sich am 20. 7. 1944*

**Benesch, Eduard** (32; 34; 35)
*(1884–1948) Von der Staatsgründung bis 1935 tschechoslowakischer Außenminister, nach dem Rücktritt Masaryks Staatspräsident. Demission nach dem Münchener Abkommen. Haupt der tschechoslowakischen Exilregierung in London. Im Mai 1945 erneut Staatspräsident in der wiedererrichteten tschechoslowakischen Republik. Rücktritt im Juni 1948 nach dem kommunistischen Staatsstreich*

**Berliner Vertrag** (37)
*Als Ergänzung des Rapallo-Vertrags am 24. 4. 1926 abgeschlossener Freundschafts- und Neutralitätsvertrag zwischen dem Deutschen Reich und der UdSSR. Er war nach sowjetischer Auffassung notwendig geworden durch die von Deutschland in den Locarno-Verträgen übernommenen Verpflichtungen gegenüber den Westmächten und dem bevorstehenden Völkerbundsbeitritt. Nicht mit dem Odium des „Verzichts" verknüpft, war der Berliner Vertrag in Deutschland populärer als der Locarnopakt, doch verlor er – wenngleich im Mai 1933 um 5 Jahre verlängert – angesichts der Veränderungen der außenpolitischen Szenerie in den 30er Jahren jede konkrete Bedeutung*

**Blitzkriege** (49; 54 f.; 93)
*Im Zweiten Weltkrieg aufgekommene Bezeichnung für die nur wenige Wochen dauernden deutschen Feldzüge gegen Polen, Frankreich, Jugoslawien und Griechenland*

**Blomberg, Werner von** (7; 22; 25)
*(1878–1946) Seit Januar 1933 als Nachfolger Schleichers Reichswehrminister. Von Mai 1935 bis Februar 1938 Oberbefehlshaber der neuen Wehrmacht und deren erster Generalfeldmarschall*

**Blücher, Gebhard Leberecht** (42)
*(1742–1819) Preußischer Feldmarschall. Volkstümlichster Heerführer der „Freiheitskriege"*

**Blum, Léon** (31)
*(1872–1950) Seit 1920 Führer der Sozialistischen Partei Frankreichs. 1936–1937 Ministerpräsident einer Volksfrontregierung. 1940 gefangengenommen und in den Konzentrationslagern Buchenwald und Dachau inhaftiert*

**Bonhoeffer, Dietrich** (50)
*(1906–1945) Protestantischer Theologe und führender Vertreter der „Bekennenden Kirche". Seit 1939 zum geistigen Zentrum des deutschen Widerstands gehörend. Im April 1943 verhaftet; in Flossenbürg hingerichtet (9. 4. 1945)*

**Bonnet, Georges** (32)
*(geb. 1889) 1938/39 Außenminister im Kabinett Daladier. Marschall Pétain berief ihn als Mitglied des Conseil National. Nach der Befreiung Frankreichs gerichtlich verfolgt. Seit 1956 Abgeordneter der Nationalversammlung*

**Bormann, Martin** (48)
*(1900–1945) Seit 1927 Mitglied der NSDAP. Ab 1930 Aufstieg in der Funktionärshierarchie. 1941 Leiter der Parteikanzlei. Ab 1943 als „Sekretär des Führers" der engste Mitarbeiter Hitlers, dessen uneingeschränktes Vertrauen er genoß und der ihn in seinem Testament als Parteiminister einsetzte. Verfechter einer entschieden kirchenfeindlichen Politik. Beging beim Scheitern seines Ausbruchsversuchs aus Berlin Selbstmord (2. 5.)*

**Brest-Litowsk** (34)
*Gebietshauptstadt der Weißrussi-*

*schen Sozialistischen Sowjetrepubliken. Bekannt geworden als Ort des ersten Friedensschlusses im Ersten Weltkrieg zwischen der neuen sowjetrussischen Regierung und den Mittelmächten (3. März 1918). Für die Annahme des Friedensvertrags, der Rußland auf die Grenzziehungen der Zeit vor Peter dem Großen zurückwarf und nach dem deutschen Zusammenbruch von der Entente außer Kraft gesetzt wurde, war vor allem Lenin in Erkenntnis der eigenen militärischen Ohnmacht eingetreten. Der Friedensschluß von Brest-Litowsk enthüllte den offensiven Charakter der deutschen Kriegsziele und bildete insofern eine vorgreifende Rechtfertigung für Versailles*

**Burckhardt, Carl Jacob** (28)
*(1891–1974) Schweizer Diplomat und Historiker. 1937–1939 Hoher Kommissar des Völkerbundes in Danzig, wo er sich bemühte, den Ausbruch eines militärischen Konflikts zwischen Deutschland und Polen zu verhindern. 1944–1948 Präsident des Internationalen Roten Kreuzes. 1945–1949 Gesandter in Paris. Profilierter Vertreter des Gedankens einer europäischen Einigung. Verfasser einer berühmten Richelieu-Biographie*

**Casablanca** (46; 68f.)
*Stadt in Marokko. Ort eines amerikanisch-britischen Treffens im Zweiten Weltkrieg (14.–25. 1. 1943), auf dem Roosevelt und Churchill die Landung in Sizilien für den Sommer und die in Frankreich für August/September vereinbarten. Außerdem verständigte man sich auf die Formel der bedingungslosen Kapitulation Deutschlands*

**Chamberlain, Arthur Neville** (7; 10; 27f.; 31f.; 35)
*(1869–1940) Seit 1918 konservativer Abgeordneter, 1923–1931 Gesundheits- bzw. Wohlfahrtsminister, 1930–1940 Parteiführer der Konservativen. 1931–1937 Finanzminister (Schatzkanzler). Als Premierminister (1937–1940) beschäftigte er sich vornehmlich mit der ihm bis dahin relativ unvertrauten Außenpolitik und wurde zum anerkannten Repräsentanten der Appeasement-Strategie, von der er sich erst lossagte, als Hitlers Bruch des Münchener Abkommens ihm die Ergebnislosigkeit seiner Bemühungen offenbarte. Die Garantieerklärung an Polen und die englische Kriegserklärung an Deutschland markieren Chamberlains entschlossenen Kurswechsel*

**Churchill, Winston** (27; 45ff.; 52f.; 68f.)
*(1874–1965) 1900 Abgeordneter der Konservativen im britischen Unterhaus. 1905 Überwechseln zu den Liberalen, die er 1925 wieder verließ. Von 1906–1929 mit nur kurzen Unterbrechungen Mitglied der Regierung. 1929–1939 ohne politisches Amt. Von Mai 1940 bis Juli 1945 als Konservativer Premierminister; Symbol des nationalen Widerstands. Nach dem Wahlsieg der Konservativen im Oktober 1951 erneut Premierminister. April 1955 Rücktritt aus Altersgründen. 1953 Literaturnobelpreis für seine Geschichte des Zweiten Weltkriegs*

**Ciano, Galeazzo** (7; 47)
*(1903–1944) Teilnehmer des Marsches auf Rom (Oktober 1922). Seit 1930 mit Mussolinis Tochter Edda verheiratet. Seit 1935 Minister für Presse und Propaganda und Mitglied des Faschistischen Großrats. Von 1936–1943 Außenminister. Als Gegner der deutschen Kriegspolitik entfremdete Ciano sich zunehmend von Mussolini, für dessen Absetzung er am 25.7.1943 in der Großratssitzung stimmte. Vom deutschen Oberkommando der Wehrmacht an die „Soziale Republik" Mussolinis ausgeliefert, wurde Ciano von einem Sondergericht in Verona zum Tode verurteilt (Januar 1944) und erschossen*

**Compiègne** (44)
*Stadt im französischen Département Oise. Der angrenzende Wald war am 11.11.1918 Ort der Unterzeichnung des den Ersten Weltkrieg beendenden Waffenstillstands zwischen den Alliierten und Deutschland. An der gleichen Stelle und wiederum im Eisenbahnwagen des Marschalls Foch ließ Hitler am 22.6.1940 den Waffenstillstand mit Frankreich unterzeichnen*

**Curzon-Linie** (91)
*Die von dem englischen Außenminister Lord Curzon of Kedleston (1859–1925) vorgeschlagene Demarkationslinie zwischen Polen und Sowjetrußland, die im Dezember 1919 vom Obersten Rat der Alliierten offiziell als Ostgrenze Polens empfohlen, jedoch von der polnischen Regierung nicht anerkannt wurde, verlief von Dünaburg über Wilna und Grodno nach Brest, dann den Bug entlang bis an die Grenze Galiziens. Sie wurde im deutsch-sowjetischen Vertrag über die militärische Besetzung Polens vom 17.9.1939 ebenso als Abgrenzungslinie zugrunde gelegt wie beim Grenzvertrag zwischen der Sowjetunion und Polen am 16.8.1945, nachdem sie bereits auf der Konferenz von Yalta am 11.2.1945 in Vorschlag gebracht worden war*

**Daladier, Edouard** (28; 31f.)
*(1884–1970) Seit 1919 radikalsozialistischer Abgeordneter. Von 1924–1937 in wechselnden Funktionen Mitglied mehrerer Kabinette. 1938–1940 französischer Ministerpräsident und Mitunterzeichner des Münchener Abkommens. 1940 Verhaftung durch die Vichy-Regierung. 1943–1945 in Deutschland interniert. 1946–1958 erneut Parlamentsabgeordneter*

**D-Day** (47)
*(Eigentlich: Day-Day). Im englischen Sprachbereich Bezeichnung für den Tag, an dem ein größeres militärisches Unternehmen beginnt. Die Tage vor bzw. nach diesem Termin werdem mit + bzw. – bezeichnet. Die Bezeichnung – auch in den Nato-Sprachgebrauch übernommen – wird vor allem für den Tag der alliierten Invasion in Frankreich (6. Juni 1944) verwendet*

**Delp, Alfred** (50)
*(1907–1945) Katholischer Theologe. 1937–1941 Dozent und Redakteur der Zeitschrift „Stimmen der Zeit". 1941–1944 Seelsorger in München-Bogenhausen. Mitglied des Kreisauer Kreises. Befaßte sich mit der Ausarbeitung einer christlichen Sozialordnung. 1944 verhaftet, vom Volksgerichtshof zum Tode verurteilt und hingerichtet*

**Dietrich, Otto** (56)
*(1897–1952) 1931 Reichspressechef der NSDAP. Nach 1933 maßgeblich beteiligt bei der Gleichschaltung der deutschen Presse. Ab 1938 Pressechef der Reichsregierung und Staatssekretär im Reichspropagandaministerium*

**Dönitz, Karl** (48)
*(1891–1980) Ab 1936 Befehlshaber der U-Boot-Flotte. Im Januar 1943 Oberbefehlshaber der Kriegsmarine. Von Hitler testamentarisch zu seinem Nachfolger als Staatsoberhaupt ernannt, bildete Dönitz in den ersten Maitagen 1945 die letzte „Geschäftsführende Reichsregierung" mit Sitz in Flensburg – Mürwik. Am 23.5.1945 vom Alliierten Oberkommando abgesetzt und verhaftet. Verurteilung im „Nürnberger Prozeß"*

**Doorn** (45)
*Vornehme Wohngemeinde in der*

*niederländischen Provinz Utrecht. Aufenthaltsort des 1918 geflohenen letzten deutschen Kaisers, Wilhelms II., bis zu seinem Tode im Juni 1941*

**Dünkirchen** (44)
*Hafenstadt im französischen Département Nord. In der Endphase des Frankreichfeldzugs gelang es Engländern und Franzosen, in der Zeit vom 26. 5.–4. 6. 1940 rd. 338 000 Soldaten, fast das gesamte britische Expeditionskorps, über den Hafen Dünkirchen zu evakuieren*

**Eichmann, Adolf** (63; 71)
*(1906–1962) 1932 Beitritt zur NSDAP. 1939 Leiter des Judenreferats im Reichssicherheitshauptamt der Reichsführung SS in Berlin, der Zentralstelle für die „Endlösung der Judenfrage". Zuständig für Verhaftung, Deportation und Vernichtung der während des Zweiten Weltkriegs im Machtbereich Hitlers lebenden europäischen Juden. 1950 Flucht von Italien nach Argentinien, wo ihn der israelische Geheimdienst aufspürte und entführte (Mai 1960). In Jerusalem vor Gericht gestellt, zum Tode verurteilt und hingerichtet*

**Eisenhower, Dwight David** (46; 48)
*(1890–1969) Juni 1942 Oberbefehlshaber der amerikanischen Truppen in Europa (Sitz in London), November 1942 Oberbefehlshaber der alliierten Truppen in Afrika. Im Juni 1944 leitete Eisenhower die Invasion in Nordfrankreich. Von Juli bis November 1945 Oberbefehlshaber der amerikanischen Besatzungstruppen in Deutschland und Mitglied des Alliierten Kontrollrats. 1952–1961 Präsident der USA (Republikaner)*

**El-Alamein** (46)
*Stadt in Ägypten, 100 km südwestlich von Alexandria. Bei El-Alamein fand am 30. 6. 1942 der Vormarsch der deutsch-italienischen Panzerarmee unter Rommel in Richtung Alexandria und Suez-Kanal sein Ende, da es nicht gelang, die britische Verteidigungsstellung zu durchbrechen*

**Endlösung** (46; 49; 70ff.)
*Auf der „Wannseekonferenz" (20. 1. 1942) gefundene Tarnvokabel für die von Hitler seit Frühjahr 1941 beabsichtigte physische Vernichtung aller im deutschen Machtbereich lebenden Juden*

**Euthanasie** (73)
*Das am 1. 9. 1939 aufgrund eines Geheimbefehls Hitlers eingeleitete Euthanasie-Programm sah zur „Verhütung erbkranken Nachwuchses" die Tötung allen „lebensunwerten Lebens" vor. Bis August 1941, als man angesichts der kirchlichen Proteste und militärischen Notwendigkeiten die Vernichtungsaktionen vorübergehend einstellte bzw. versteckter praktizierte, waren diesem Rassenreinhaltungsprogramm etwa 100 000 mißgebildete Kinder und geisteskranke Erwachsene zum Opfer gefallen*

**Franco, Francisco** (7)
*(1892–1975) 1922 Kommandeur der spanischen Fremdenlegion. 1934 Generalstabschef. Führer einer Militärrevolte in Spanisch-Marokko (Juli 1936), die den Bürgerkrieg in Spanien auslöste. Sieg im Bürgerkrieg 1939 mit deutscher und italienischer Unterstützung. Errichtung eines autoritären, klerikalfaschistischen Regierungssystems mit Franco als Staatschef („Caudillo"). Die Versuche Hitlers, Franco als militärischen Bundesgenossen im Zweiten Weltkrieg zu gewinnen, scheiterten*

**François-Poncet, André** (31)
*(geb. 1887) 1931–1938 französischer Botschafter in Berlin, 1938–1940 Botschafter in Rom, 1943–1945 in Deutschland interniert. 1949–1953 Hochkommissar in der Bundesrepublik*

**Freisler, Roland** (47)
*(1893–1945) Teilnahme am Ersten Weltkrieg, russische Gefangenschaft, 1917–1920 bolschewistischer Kommissar in der Ukraine. Seit 1925 Mitglied der NSDAP. Als Präsident des Volksgerichtshofes (seit 1942) einer der radikalsten Verfechter nationalsozialistischen Strafrechts, stellte er die Justiz – besonders in den Prozessen gegen die Angehörigen der Widerstandsbewegung vom 20. 7. 1944 – in den Dienst des politischen Terrors*

**Fritsch, Werner von** (7; 22; 25)
*(1880–1939) 1935–1938 Oberbefehlshaber des Heeres. Leitete den Aufbau der Armee im Rahmen der von Hitler eingeführten allgemeinen Wehrpflicht, doch stand er der angekündigten Risiko- und Expansionspolitik skeptisch gegenüber. Im Februar 1938 nach einer von Hitler gebilligten Intrige (Vorwurf der Homosexualität) entlassen. Suchte den Tod im Feldzug gegen Polen (Sept. 1939)*

**Galen, Clemens August von** (73)
*(1878–1946) Seit 1938 Bischof von Münster. 1946 Kardinal. Bekämpfte in weitverbreiteten Denkschriften und Predigten die nationalsozialistische Kirchen- und Rassenpolitik*

**Generalgouvernement** (44; 57; 71)
*Das „Generalgouvernement für die besetzten polnischen Gebiete" umfaßte die Distrikte Warschau, Krakau, Rodom und Lublin und diente der deutschen Besatzungsmacht vor allem als Reservoir von Zwangsarbeitern für die deutsche Wirtschaft und als Objekt landwirtschaftlicher Ausbeutung. Die polnische Intelligenz wurde liquidiert, die übrige Bevölkerung sollte im Status von Arbeitssklaven gehalten werden*

**Gerstenmaier, Eugen** (50)
*(1906–1986) Nach Studium der Theologie seit 1936 im Außenamt der Evangelischen Kirche. Mitglied der „Bekennenden Kirche". 1937 aus dem Hochschuldienst entfernt. Im Zweiten Weltkrieg zur Widerstandsgruppe des Kreisauer Kreises gehörend, wurde Gerstenmaier nach dem 20. 7. 1944 zu 7 Jahren Zuchthaus verurteilt. 1954–1969 Präsident des Deutschen Bundestages*

**Goebbels, Joseph** (43; 47; 49; 63; 65f.; 68; 73; 85)
*(1897–1945) 1926 Gauleiter der NSDAP von Berlin-Brandenburg. 1929 Reichspropagandaleiter. Ab März 1933 Reichsminister für Volksaufklärung und Propaganda und Präsident der Reichskulturkammer. Ab 1944 „Generalbevollmächtigter für den totalen Kriegseinsatz". Von Hitler testamentarisch zu seinem Nachfolger als Reichskanzler bestimmt. Endete durch Selbstmord*

**Goerdeler, Carl Friedrich** (50; 73; 75ff.; 86f.)
*(1884–1945) Seit 1930 Oberbürgermeister von Leipzig; 1931–1932 und 1934–1935 zugleich Reichskommissar für Preisüberwachung. Rücktritt als Oberbürgermeister 1937. Verbindung zur Widerstandsbewegung, in der er neben Beck zum führenden Kopf wurde. Für den Fall des Regimewechsels als Reichskanzler vorgesehen. Nach dem 20. 7. 1944 zum Tode verurteilt und hingerichtet*

**Göring, Hermann** (22; 29; 46; 48; 70)
*(1893–1946) Juli 1918 Kommandeur des Jagdgeschwaders Richthofen, Träger des Ordens „Pour le mérite". Seit 1922 Mitglied der NSDAP und Oberster Führer der SA. Beim Hitler-Putsch schwer verwundet. 1932 Reichstagspräsident. Seit 30. 1. 1933 Reichsminister ohne Geschäftsbereich und preußischer Innenminister. Von April 1933 bis Kriegsende preußischer Ministerpräsident, seit Mai*

*1933 Reichsminister für Luftfahrt, dazu ab 1935 Oberbefehlshaber der Luftwaffe (1938 Generalfeldmarschall, 1940 Reichsmarschall). Seit 1936 Beauftragter für den Vierjahresplan. Vom Internationalen Militärtribunal in Nürnberg zum Tode verurteilt; entzog sich der Hinrichtung durch Selbstmord*

GPU (56)
*(Abkürzung für russisch: Gosudarstvennoje politiceskoje upravlenic; deutsch: Staatliche politische Verwaltung). Die durch Umbildung der Tscheka entstandene politische Polizei der Sowjetunion*

Hacha, Emil (8)
*(1872–1945) Am 30.11.1938 von der Nationalversammlung zum Präsidenten der CSR gewählt. Am 15.3.1939 durch ein Ultimatum Hitlers zur Zustimmung zum „Protektorat Böhmen und Mähren" gezwungen. Blieb dessen Staatspräsident bei völlig passiver Rolle bis zum Einmarsch der Sowjetarmee. Tod im Gefängnis (Juni 1945)*

Halder, Franz (50; 56)
*(1884–1972) Seit August 1938 Chef des Generalstabs des Heeres. Nahm aus Opposition zu Hitlers Risikopolitik Kontakt zur Widerstandsbewegung auf. Konflikt mit Hitler wegen der strategischen Prioritäten im Rußlandfeldzug. Im September 1942 entlassen. Nach dem 20. Juli 1944 verhaftet, bis Kriegsende im Konzentrationslager*

Halifax, Edward Wood (28f.)
*(1881–1959) 1935–1938 Lordsiegelbewahrer und Führer des englischen Oberhauses. 1938–1940 Außenminister. Stimmte dem Münchener Abkommen zu, doch befürwortete er zugleich die britisch-französische Garantiepolitik für Polen. 1941–1946 Botschafter in Washington*

Hassell, Ulrich von (50)
*(1881–1944) Seit 1932 deutscher Botschafter in Rom. 1938 als Gegner der NS-Außenpolitik entlassen. Verbindung zur Widerstandsbewegung. In der Nach-Hitler-Regierung war er als Außenminister vorgesehen. Nach dem 20.7.1944 zum Tode verurteilt und hingerichtet*

Haubach, Theodor (50)
*(1896–1945) Mitglied der SPD. 1930 Pressereferent des Polizeipräsidenten in Berlin. Seit 1942 in Verbindung zum Kreisauer Kreis. Nach dem 20.7.1944 verhaftet und hingerichtet*

Henderson, Neville (9; 28f.)
*(1882–1942) 1929–1935 britischer Gesandter in Belgrad. 1935–1937 Botschafter in Buenos Aires und 1937–1939 in Berlin*

Henlein, Konrad (7; 9; 30f.)
*(1898–1945) Gründete im Oktober 1933 die Sudetendeutsche Heimatfront, die als Sudetendeutsche Partei (SdP) mit ihrem Autonomieprogramm bei den Parlamentswahlen im Mai 1935 – vom Deutschen Reich finanziell unterstützt – zur stimmenstärksten deutschen Gruppe im tschechischen Parlament wurde. Nach dem Münchener Abkommen Reichskommissar im Sudetenland, im Mai 1939 Gauleiter und Reichsstatthalter des gleichnamigen Reichsgaues*

Herder, Johann Gottfried (61)
*(1744–1803) Philosoph, Theologe und Schriftsteller. Vielseitiger Anreger und Vertreter der Aufklärung. Freundschaft mit Goethe. Sammlung von Volksliedern: „Stimmen der Völker in ihren Liedern"*

Heydrich, Reinhard (6; 46; 70)
*(1904–1942) 1932 SS-Standartenführer. Baute den „Sicherheitsdienst des Reichsführers SS" (SD) als umfassenden politischen Nachrichtendienst auf. April 1934 Leiter des Geheimen Staatspolizeiamtes in Berlin und im Juni 1936 „Chef der Sicherheitspolizei" und des SD. Ab September 1939 eigene Behörde in Gestalt des Reichssicherheitshauptamtes (RSHA). 1941 SS-Obergruppenführer und Stellvertretender Reichsprotektor in Böhmen und Mähren. Treibende Kraft bei der Verfolgung und Liquidation der europäischen Juden (Endlösung). Erlag den Folgen eines am 27.5.1942 von Exiltschechen organisierten Attentats. Als Vergeltungsmaßnahme wurde das Dorf Lidice vernichtet*

Himmler, Heinrich (48; 50; 57f.; 61ff.; 69; 71; 73)
*(1900–1945) 1923 Teilnahme am Hitler-Putsch. 1929 „Reichsführer SS". 1933 Polizeipräsident von München. Seit Juni 1936 als Staatssekretär im Reichsinnenministerium Chef der gesamten deutschen Polizei. Als Reichskommissar für die Festigung des deutschen Volkstums (seit Oktober 1939) zuständig für die Umsiedlungs- und Zwangsgermanisierungspolitik im Osten und Südosten Europas. Organisator der Endlösung der Judenfrage. August 1943 Reichsinnenminister, Juli 1944 Oberbefehlshaber des Ersatzheeres und Chef der Heeresausrüstung, Anfang 1945 Organisator des Volkssturms. Nach Anbahnung von Kapitulationsverhandlungen mit dem Westen im April 1945 von Hitler aller Ämter enthoben und aus der Partei ausgestoßen. Selbstmord in englischer Gefangenschaft*

Hiroshima (48)
*Hauptstadt der gleichnamigen japanischen Provinz. Vollständige Zerstörung der Stadt durch den Abwurf der ersten Atombombe (Uran 235) am 6.8.1945*

Hitler, Adolf 6ff.; 17ff.; 21f.; 25ff.; 36; 39ff.; 43ff.; 58f.; 63f.; 66f.; 70; 73ff.; 83ff.)
*(1889–1945) Führer der NSDAP. 1933–1945 deutscher Reichskanzler*

Hoepner, Erich (50)
*(1886–1944) 1940 Generaloberst. Im Januar 1942 wegen angeblich pflichtwidriger Zurücknahme seiner Truppe an der Ostfront von Hitler abgesetzt. Wegen seiner Teilnahme am 20.4.1944 zum Tode verurteilt und hingerichtet*

Hoßbach, Friedrich (7; 9; 22ff.; 29)
*(1894–1980) 1934–1938 Adjutant der Wehrmacht bei Hitler. Fertigte am 10.11.1937 aus dem Gedächtnis eine Niederschrift – zumeist fälschlich als „Protokoll" bezeichnet – über die Besprechung Hitlers vom 5.11.1937*

Iswolsky, Alexander (41)
*(1856–1919) 1906–1910 Russischer Außenminister, 1910–1917 Botschafter in Paris, wo er durch eine pointiert antideutsche Politik ohne Rücksicht auf sachliche Notwendigkeiten wesentlich zur Zuspitzung der Konfrontationen im Jahre 1914 beitrug*

Jalta-Konferenz (48; 87)
*Gipfeltreffen der drei führenden Vertreter („Große Drei") der Anti-Hitler-Koalition, Churchill, Stalin und Roosevelt, vom 4.–11.2.1945 in Jalta auf der Krim*

Jodl, Alfred (49)
*(1890–1946) 1939–1945 Chef des Wehrmachtsführungsstabes und erster Berater Hitlers in strategischen und operativen Fragen. Vom Internationalen Militärtribunal in Nürnberg zum Tode verurteilt und hingerichtet*

Kaiser, Jakob (50)
*(1888–1961) Landesgeschäftsführer der christlichen Gewerkschaften Westdeutschlands 1924–1933. Reichstagsabgeordneter des Zentrums 1932–1933. Stemmte sich gegen die Gleichschaltung der Gewerkschaften. Gehörte neben Leuschner zu den profilierten*

*Arbeitervertretern in der Widerstandsgruppe des 20. Juli. Nach dem Zweiten Weltkrieg maßgeblicher Politiker der CDU*

**Keitel, Wilhelm** (93)
*(1882–1946) Ab Februar 1938 Chef des neu errichteten Oberkommandos der Wehrmacht (OKW). Unterzeichnete die Kapitulation der deutschen Wehrmacht im sowjetischen Hauptquartier Karlshorst. Im Nürnberger Prozeß gegen die Hauptkriegsverbrecher zum Tode verurteilt*

**Kleist, Ewald von** (87)
*(1890–1945) Pommerscher Großgrundbesitzer. Warnte seine konservativen Standesgenossen 1933 vor einem Reichskanzler Hitler. Reiste im August 1938 nach London, um die britische Regierung zu einer festen Haltung gegenüber dem NS-Regime zu bewegen (Kontakte zu Winston Churchill). Nach dem 20. Juli 1944 zum Tode verurteilt und hingerichtet*

**Konzentrationslager** (63; 71 ff.; 86)
*(Abkürzung: KZ oder KL) Politische Internierungslager der Nationalsozialisten, in die – gestützt auf die „Verordnung zum Schutze von Volk und Staat" – „Schutzhäftlinge", bei denen man „vorbeugende Maßnahmen" zu ergreifen vorgab, eingeliefert wurden. Zunächst kommunistische und sozialdemokratische Funktionäre und andere Gegner des Nationalsozialismus, für die im Sommer 1933 die ersten größeren Lager in Oranienburg (bei Berlin) und Dachau (bei München) errichtet wurden. Nach der Ausschaltung der SA („Röhm-Putsch") übernahm die SS unter Himmler die Organisation und Bewachung der Konzentrationslager, in die nun auch sog. „volksschädigende Elemente" (Homosexuelle, „Asoziale", Bibelforscher, kriminelle Straftäter, Juden) eingeliefert wurden. Im Zweiten Weltkrieg Ausdehnung der Konzentrationslager auf die besetzten Gebiete (Januar 1945: 720.000 Häftlinge). Die Zahl der 1933–1945 umgekommenen und umgebrachten Häftlinge wird auf mindestens 500.000 geschätzt. Ab 1941 im Rahmen der „Endlösung der Judenfrage" auf polnischem Gebiet sog. Vernichtungslager (Auschwitz, Lublin-Maidanek)*

**Kreisauer Kreis** (50; 73; 79 ff.)
*Eine nach dem Ort ihrer Zusammenkünfte, dem Gut Kreisau des Grafen H. von Moltke in Niederschlesien, benannte Gruppe der Widerstandsbewegung*

**Leber, Julius** (50; 86)
*(1891–1945) 1924–1933 Reichstagsabgeordneter der SPD. 1933–1937 KZ-Haft. Danach Beteiligung an der Widerstandsbewegung, speziell an den Vorbereitungen des 20.7.1944. Am 5.7.1944 verhaftet. Vom Volksgerichtshof zum Tode verurteilt und hingerichtet*

**Leuschner, Wilhelm** (50)
*(1890–1944) Seit 1924 Landtagsabgeordneter der SPD in Hessen. 1926–1928 Bezirkssekretär des ADGB in Hessen. 1928–1932 hessischer Innenminister. 1932–1933 Mitglied des Bundesvorstandes des ADGB. 1933–1934 KZ-Haft. Verbindung zum Kreisauer Kreis. Im September 1944 vom Volksgerichtshof zum Tode verurteilt und hingerichtet. Ab 1964 Leuschner-Medaille des Landes Hessen*

**Litwinow, Maxim** (39)
*(1876–1951) 1930–1939 als Nachfolger Tschitscherins Volkskommissar für Auswärtige Angelegenheiten. Vertreter der UdSSR beim Völkerbund in Genf. Konsequenter Verfechter einer Politik der kollektiven Sicherheit gegenüber den faschistischen Mächten Deutschland und Italien. Im Mai 1939 abgelöst von W. M. Molotow. 1941–1943 Botschafter in Washington*

**Lloyd George, David** (27)
*(1863–1954) Ab 1890 Unterhaus-Abgeordneter (Radikal-Liberaler). 1908–1915 britischer Schatzkanzler. 1915 Munitionsminister, 1916 Kriegsminister. Ab Ende 1916 Premierminister in einer Koalitionsregierung mit den Konservativen. Mit Wilson und Clemenceau Unterzeichner des Versailler Friedensvertrags. Danach Verfechter einer maßvollen Behandlung Deutschlands, um den totalen wirtschaftlichen Zusammenbruch zu vermeiden und das Eindringen des Bolschewismus zu verhindern. 1922 Rücktritt als Regierungschef und 1931 als Parteivorsitzender*

**Locarno-Verträge** (7)
*Am 25.10.1925 in Locarno (Lago Maggiore) getroffene Vereinbarungen über ein wechselseitiges Sicherheitssystem in Westeuropa (Hauptvertrag geschlossen zwischen Belgien, Deutschland, Frankreich, Großbritannien und Italien)*

**Midway-Inseln** (46)
*Amerikanische Korallenatolle, 2200 km nordwestlich von Hawaii, bei denen vom 4.–7.6.1942 die den Kriegsverlauf im Pazifik entscheidende See-Luft-Schlacht zwischen den Trägerflotten der USA und Japans stattfand*

**Mierendorff, Carlo** (50; 86)
*(1897–1943) Nach Betätigung in der Gewerkschaftsbewegung seit 1930 Reichstagsabgeordneter der SPD. 1933–1938 in KZ-Haft. Nach Freilassung Anschluß an den Kreisauer Kreis. Bei einem Luftangriff in Leipzig getötet*

**Molotow** (Seit 1906 Deckname von Skrjabin), **Wjatscheslaw Michailowitsch** (38 f.; 54)
*(1890–1986) Mitbegründer und leitender Redakteur der „Prawda" (1912). 1917–1918 Mitglied des Revolutions-Militärkomitees. Enger Mitarbeiter Stalins. 1926–1941 Vorsitzender des Rates der Volkskommissare. 1939–1949 und 1953–1956 Außenminister*

**Moltke, Helmuth James von** (50; 73)
*(1907–1945) Gegner des Nationalsozialismus und Begründer des Kreisauer Kreises. Verhaftung im Januar 1944, Todesurteil und Hinrichtung im Januar 1945 (Plötzensee)*

**Morrison, Herbert** (28)
*(1888–1965) Seit 1923 Abgeordneter der britischen Labour-Party. 1929–1931 und 1940–1945 Ministertätigkeit in verschiedenen Ressorts*

**Münchener Abkommen** (7; 10; 32 ff.; 35; 39)
*Die am 29.9./30.9.1938 in München zwischen Deutschland (Hitler), Großbritannien (A. N. Chamberlain), Frankreich (Daladier) und Italien (Mussolini) geschlossene vertragliche Vereinbarung zur Beilegung der von Hitler seit 1937 planmäßig geschürten deutsch-tschechoslowakischen Krise*

**Mussolini, Benito** (7; 31; 44; 47; 49)
*(1883–1945) Nach Abschluß seiner Ausbildung als Volksschullehrer (1901) und Beitritt zur Sozialistischen Partei (PSI) Journalist sozialistischer Blätter. 1912 Chefredakteur des Parteiorgans „Avanti". Bestimmte maßgeblich den ideologischen Kurs der Partei, die ihn jedoch ausschloß (Okt. 1914), als er den Kriegseintritt Italiens propagierte. Gründete im November 1914 die Tageszeitung „Il Popolo d'Italia". August 1915 bis Februar 1917 aktiver Kriegsteilnehmer. Im März 1919 Gründung der Fasci di Combattimento, die er im November 1921 in den Partito Nazionale Fascita (Nationale Faschistische Partei) überleitete. Nach*

*dem Marsch auf Rom (28. 10. 1922) Kabinettsbildung durch Mussolini. Ausschaltung der politischen Gegner und Änderung des Verfassungssystems im Sinne des korporativ geordneten „stato totalitario" („Duce" und „Capo del Governo": Führer des Faschismus und Regierungschef). Entgegenkommende Kirchenpolitik (Lateranverträge, 1929). 1935 Abessinienkrieg, 1936 Intervention im Spanischen Bürgerkrieg. 1940 Eintritt in den Zweiten Weltkrieg. Militärische Mißerfolge (1942/43). Innerfaschistische Opposition. Verhaftung und Absetzung auf Befehl Viktor Emanuels III. Von deutschen Fallschirmjägern aus der Internierung auf dem Gran Sasso befreit (12. 9. 1943). Im norditalienischen Raum Errichtung einer „Republica Sociale Italiana". Am 28. 4. 1945 auf der Flucht in die Schweiz von italienischen Widerstandskämpfern ergriffen und ohne Verfahren erschossen*

**Neurath, Konstantin von** (7; 22)
*(1873–1956) 1919 deutscher Gesandter in Kopenhagen, 1921 Botschafter in Rom, 1930 Botschafter in London. 1932–1938 Reichsaußenminister. 1939–1943 Reichsprotektor in Böhmen und Mähren. 1946 im Nürnberger Prozeß gegen die Hauptkriegsverbrecher zu 15 Jahren Haft verurteilt, doch 1954 entlassen*

**Nippon** (95)
*Seit dem 8. Jh. einheimischer Name für Japan*

**Oster, Hans** (50)
*(1887–1945) Seit 1933 Tätigkeit in der Abwehrabteilung des Reichswehrministeriums, von 1935–1943 Leiter der Zentralabteilung des militärischen Nachrichtendienstes und Stabschef des Amtes Ausland in der Abwehr unter Admiral Canaris. Entschiedener Gegner des Hitler-Regimes seit dem „Röhm-Putsch" (30. 6. 1934), den er als Niederlage der Reichswehr und als Sieg der SS interpretierte. Aufgrund seines einzigartigen Beobachtungspostens organisatorisch-technischer Mittelpunkt des Widerstandes im Heer. Setzte im Winter 1939/40 Niederländer, Dänen und Norweger über die von Hitler wiederholt abgeänderten Angriffstermine gegenüber ihren Ländern in Kenntnis. Nach dem 20. Juli 1944 verhaftet und am 9. 4. 1945 im KZ Flossenbürg ermordet*

**Pacht- und Leihgesetz** (45)
*Aufgrund des Lend-Lease-Act vom 11. 3. 1941, das die vorausgegangene Praxis des „Cash and Carry", d. h. der Barzahlung und des Eigentransports, aufhob, belieferten die USA – noch vor dem eigenen Kriegseintritt – die Alliierten (vor allem Großbritannien und die Sowjetunion) mit kriegswichtigen Gütern (Waffen, Flugzeugen, Schiffen und Fahrzeugen, Lebensmitteln, Medikamenten, Rohstoffen, Patenten) ohne Bezahlung*

**Pearl Harbor** (46)
*(auch: Pearl Harbour) Flottenstützpunkt der USA an der Südküste der Hawaii-Insel Oahu, westlich von Honolulu. Dort wurde am 7. 12. 1941 durch einen Überraschungsangriff japanischer Luft- und Seestreitkräfte die amerikanische Pazifikflotte fast ohne Gegenwehr vernichtet*

**Pétain, Henri Philippe** (44)
*(1856–1951) Nach Bewährung als Armeeführer („Retter von Verdun", Februar 1916) ab Mai 1917 Oberbefehlshaber der französischen Streitkräfte. 1922–1931 Generalinspekteur der Armee. 1934 Kriegsminister. 1939 Botschafter in Spanien. Juni 1940 nach Rücktritt der Regierung Reynaud Ministerpräsident. Vollzug des Waffenstillstands mit Deutschland und Italien (22. 6. 1940). Staatschef der Vichy-Regierung, von der Nationalversammlung mit umfassenden Vollmachten ausgestattet. Begrenzte Zusammenarbeit mit dem Hitler-Regime. Im April 1945 stellte sich Pétain dem französischen Obergerichtshof. August 1945 Todesurteil wegen Hoch- und Landesverrats. Umwandlung in lebenslängliche Haft durch de Gaulle und Verbannung auf die Insel Yeu*

**Pilsudski, Jozef** (20)
*(1867–1935) Führer der Polnischen Sozialistischen Partei (PPS) (seit 1894). Verfechter der polnischen Autonomie. Gründung einer militärischen Befreiungsorganisation. 1916 vergeblicher Aufstand im russisch besetzten Teil Polens. Pilsudskis ultimative Forderung nach Schaffung eines unabhängigen Polens führte zu seiner Verhaftung. Juli 1917 Internierung in der Festung Magdeburg. November 1918 Rückkehr nach Warschau. Übernahme der obersten Militär- und Staatsgewalt. Nach dem militärischen Konflikt mit Rußland (1920), der hinsichtlich der Ostgrenze mit einem Kompromißfrieden endete, vorübergehender Rückzug aus dem politischen Leben. Im Mai 1926 mit Hilfe der Armee in die frühere Funktion zurückgekehrt. Errichtete ein autoritäres Regime, das er außenpolitisch durch Nichtangriffspakte mit der UdSSR (1932) und Deutschland (1934) abzuschirmen suchte*

**Popitz, Johannes** (50)
*(1884–1945) 1925–1929 Staatssekretär im Reichsfinanzministerium. 1933–1944 preußischer Finanzminister. Seit Beginn des Zweiten Weltkriegs Kontakt zur Widerstandsbewegung um Beck und Goerdeler. Verhaftung nach dem 20. 7. 1944. Hinrichtung in Berlin-Plötzensee (Februar 1945)*

**Quisling, Vidkun** (44)
*(1887–1945) 1931–1932 Kriegsminister. 1933 Gründung einer faschistischen Partei in Norwegen, der „Nasjonal Samling". Warnte im Dezember 1939 Hitler vor der bevorstehenden britischen Besetzung der norwegischen Häfen und ermunterte ihn zu einer deutschen Präventivaktion. Nach der deutschen Okkupation Regierungschef. Bildete im Februar 1942 eine „nationale Regierung", die alle oppositionellen Regungen scharf bekämpfte. Verhaftung Mai 1945 und Hinrichtung wegen Hochverrats*

**Raeder, Erich** (22)
*(1876–1960) 1928–1935 Chef der Marineleitung. 1935–1943 Oberbefehlshaber der Kriegsmarine. Schied 1943 nach einer Kontroverse mit Hitler aus seinem Amt. 1946 im Nürnberger Prozeß gegen die Hauptkriegsverbrecher zu lebenslänglichem Gefängnis verurteilt, doch 1955 entlassen*

**Reichenau, Walter von** (17)
*(1884–1942) 1933–1934 Chef des Ministeramtes, ab September 1935 Chef des Wehrmachtsamtes im Reichswehrministerium. Förderte die Integration der Reichswehr in den NS-Staat. 1939–1941 Oberbefehlshaber der 6. Armee bzw. (ab Dezember 1941) der Heeresgruppe Süd im Osten*

**Reichsicherheitshauptamt (RSHA)** (60; 71)
*Durch Erlaß des Reichsführers SS und Chefs der deutschen Polizei Himmler im September 1939 errichtete Behörde der Sicherheitspolizei und des Sicherheitsdienstes (SD) unter Heydrich bzw. Kaltenbrunner (ab 1943). Von den sieben Untergliederungen, den sog. Ämtern des RSHA, erlangten vor allem das Amt IV, die Zentrale für die Bekämpfung von Systemgegnern – darunter auch das Referat IV B 4 unter Eichmann zur „Endlösung der Judenfrage" – und das Amt VII, die Schaltstel-*

*le für „Weltanschauliche Forschung“ unrühmliche Bedeutung*

**Reichwein, Adolf** (50)
*(1898–1944) 1930–1933 Professor für Geschichte und Staatsbürgerkunde an der Pädagogischen Hochschule in Halle (Saale). Als Gegner des Nationalsozialismus aus seinem Hochschulamt entlassen, nach vorübergehender Beschäftigung als Dorflehrer Leiter der Schulabteilung des Volkskundemuseums in Berlin. Seit 1942 Zugehörigkeit zum Kreisauer Kreis. Am 5.7.1944 verhaftet, nach dem 20. Juli zum Tode verurteilt und in Berlin-Plötzensee hingerichtet*

**Ribbentrop, Joachim von** (7; 21 f.; 30; 38 ff.; 52)
*(1893–1946) Seit 1932 Mitglied der NSDAP und außenpolitischer Berater Hitlers. Abschluß des deutsch-britischen Flottenabkommens (Juni 1935) als Sonderbotschafter. 1936–1938 Botschafter in London. 1938–1945 Reichsaußenminister und SS-Obergruppenführer. Im Nürnberger Prozeß gegen die Hauptkriegsverbrecher 1946 zum Tode verurteilt und hingerichtet*

**Rommel, Erwin** (46)
*(1891–1944) 1935 Oberstleutnant und Verbindungsoffizier im Stab des Reichsjugendführers. 1940 Kommandeur einer Panzerdivision. 1941 Übernahme der Führung des Afrikakorps in Libyen. 1942 Generalfeldmarschall und Befehlshaber der deutsch-italienischen Panzerarmee in Nordafrika. 1943–1944 Oberbefehlshaber der Heeresgruppe B in Italien und anschließend in Nordfrankreich. Seit Frühjahr 1944 in Verbindung zur Widerstandsbewegung. Als diese Kontakte nach dem 20. Juli aufgedeckt wurden, zwang Hitler Rommel zum Selbstmord (14. 10. 1944)*

**Roosevelt, Franklin Delano** (45 f.; 48 f.; 54; 68)
*(1882–1945) Der 32. Präsident der USA (1933–1945). Reformprogramm des New Deal zur Sanierung der amerikanischen Wirtschaft nach der Weltwirtschaftskrise. 1936, 1940 und 1944 wiedergewählt. Unterstützung der Alliierten mit Kriegsmaterial. 1941 nach Pearl Harbour Kriegseintritt der USA, Beteiligung an den Kriegskonferenzen gegen die Achsenmächte (Casablanca, Teheran, Jalta)*

**Rosenberg, Alfred** (40)
*(1893–1946) Nach Architekturstudium in Riga und Moskau seit 1919 in München als Schriftsteller. Ab 1921 Chefredakteur des „Völkischen Beobachters“, des Parteiorgans der NSDAP. 1923 Teilnahme am Hitler-Putsch. Seit 1930 Reichstagsabgeordneter. Veröffentlichung des Buches „Mythos des 20. Jahrhunderts“. 1933 Reichsleiter und Chef des Außenpolitischen Amtes der NSDAP; 1934 „Beauftragter des Führers für die Überwachung der gesamten geistigen und weltanschaulichen Schulung und Erziehung der NSDAP“. 1941–1945 Reichsminister für die besetzten Ostgebiete, mitverantwortlich für die Ausbeutungspolitik des NS-Regimes. Im Prozeß gegen die Hauptkriegsverbrecher 1946 zum Tode verurteilt und hingerichtet*

**Runciman, Walter** (29 f.)
*(1870–1949). 1899–1937 als Vertreter der liberalen bzw. nationalliberalen Partei im britischen Unterhaus. Mehrfach Minister. Von Juli bis September 1938 im Auftrag des britischen Kabinetts als Vermittler zwischen der tschechoslowakischen Regierung und der Sudetendeutschen Partei in Prag (Runciman-Mission). Sein dem Premierminister Neville Chamberlain übergebener Bericht bildete die Grundlage für die britische Haltung beim Abschluß des Münchener Abkommens*

**Saefkow, Anton** (73; 78 f.)
*(1903–1944) Kraftfahrer in Hamburg. Kommunistischer Funktionär. Mit dem Aufbau und Ausbau einer über die von ihm gelenkte kommunistische Widerstandsgruppe hinausgehenden Einheitsfront aller Gegner des Nationalsozialismus befaßt. Anfang Juli 1944 Kontakte zu bürgerlichen und sozialdemokratischen Angehörigen der Widerstandskreise. Bei einem Treffen zusammen mit Leber und Reichwein verhaftet. Vom Volksgerichtshof zum Tode verurteilt und am 18. 9. 1944 hingerichtet*

**Schacht, Hjalmar** (27)
*(1877–1970) Ab 1916 Direktor der Nationalbank, die er 1922 mit der Darmstädter Bank vereinigte. 1918 Eintritt in die DDP. 1923 Reichswährungskommissar: Einführung der Rentenmark. 1924–1930 und 1933–1939 Reichsbankpräsident; 1934–1937 zugleich Reichswirtschaftsminister. Seit 1930 Verbindung zu Hitler, dessen Aufstieg (Harzburger Front) er förderte. Seine Finanzpolitik (Mefowechsel) bildete die Basis für das nationalsozialistische Programm der Arbeitsbeschaffung und der Aufrüstung. Nach Zerwürfnis mit Hitler (1937) entlassen (Protest gegen die Nicht-Einlösung der Mefowechsel). Gegen Kriegsende in Kontakt zur Widerstandsbewegung. 1944–1945 in KZ-Haft. Im Nürnberger Prozeß gegen die Hauptkriegsverbrecher 1946 freigesprochen*

**Schenck von Stauffenberg, Claus** (47; 73; 85)
*(1907–1944) Seit Januar 1943 Stabschef einer Panzer-Division in Afrika, dort im April schwer verwundet. Ab Juli 1944 Stabschef des Befehlshabers des Ersatzheeres. Im Sommer 1943 Anschluß an die Widerstandsgruppe um Goerdeler, Beck und Witzleben. Zur Beseitigung Hitlers arbeitete Stauffenberg einen Attentats- und Putschplan generalstabsmäßig aus, in dem er die Doppelaufgabe übernahm, den Anschlag durchzuführen und die Aufstandsoperation in Berlin zu leiten. Scheitern des Attentats am 20. 7. 1944. Stauffenberg verhaftet, standgerichtlich verurteilt und sofort erschossen*

**Schulenburg, Friedrich Werner von der** (50)
*(1875–1944) 1934–1941 deutscher Botschafter in Moskau. Mitglied der Widerstandsbewegung. Als Außenminister in der Regierung Goerdeler vorgesehen. Nach dem 20. 7. 1944 zum Tode verurteilt und in Berlin-Plötzensee hingerichtet*

**Schutzstaffel (Abkürzung: SS)** (45 ff.; 61 f.; 70 ff.)
*Elitekader der NSDAP. 1925 zum Schutz des Parteiführers Hitler und zur Störung gegnerischer Parteiversammlungen gegründet. 1929 Heinrich Himmler Reichsführer der 280 Mann starken SS, die er zu einer weltanschaulich fixierten Partei-Polizei weiterentwickelte, indem er in ihr das rassische Ausleseprinzip als Aufnahmekriterium einführte und ihr Ordenscharakter (schwarze Uniform, eigene Symbolik) zu verleihen suchte. Befehlsmäßig noch dem Stabschef der SA unterstellt, wurde die SS am 30. 6. 1934 mit der Liquidierung des sog. Röhm-Putsches betraut und anschließend von Hitler zur selbständigen Organisation in der NSDAP erhoben: „Stoßtrupp des Blutgedankens“ (Himmler). Wesentlichste Domänen der SS wurden ab 1941 die Versklavung und Ausrottung fremdvölkischer Gruppen und die Vernichtung der europäischen Juden*

**Speer, Albert** (48)
*(1905–1981) Architekturstudium. 1931 Eintritt in die NSDAP. Plante und errichtete ab 1933 – unter engagierter persönlicher Beteiligung Hitlers – gigantische Repräsentationsbauten des NS-Regimes in München, Nürnberg und Berlin (u. a. Neue Reichskanzlei). 1942 Ernennung zum Minister für Bewaffnung und Munition mit umfassenden Vollmachten, die Speer zur Steigerung der deutschen Rüstungsproduktion nutzte. Widersetzte sich im Frühjahr 1945 Hitlers Zerstörungsbefehlen („Verbrannte Erde"). Im Nürnberger Kriegsverbrecherprozeß, wo Speer zu 20 Jahren Haft verurteilt wurde, räumte er eine gewisse schuldbeladene Mitverantwortung ein, bestand jedoch auf seiner Rolle als politisch unzuständiger Fachmann. 1966 aus dem Spandauer Gefängnis entlassen. Speer veröffentlichte „Erinnerungen" und „Spandauer Tagebücher"*

**Stalin, Jossif Wissarionowitsch** (ursprünglich: Dschugaschwili) (10; 39f.; 47f.; 52ff.; 67)
*(1879–1953) Seit 1894 Besuch eines orthodoxen Priesterseminars in Tiflis. 1899 wegen Propagierung marxistischer Gedanken relegiert. Anschluß an die russische Sozialdemokratie, bei deren Spaltung an den bolschewistischen Flügel. Seit 1905 in Kontakt zu Lenin und zwischen 1907 und 1917 mehrfach verbannt. 1912 in das Zentralkomitee der Partei und in die Redaktion der „Prawda" aufgenommen. Im März 1917 aus Sibirien nach Petrograd zurückgekehrt. Politischer Kommissar im Bürgerkrieg und Volkskommissar für das Nationalitätenwesen (1917–1923). 1919 Mitglied des Polit- und Organisationsbüros. Zunehmender Einfluß auf den Parteiapparat. 1922 Generalsekretär der Partei. In den Jahren 1924 bis 1929 Ausschaltung der innerparteilichen Rivalen. Ab 1928 Intensivierung der Industrialisierung und rücksichtslose Kollektivierung der Landwirtschaft. Mehrere blutige „Säuberungen" ab 1935. Liquidierung aller vermeintlichen und tatsächlichen Gegner in Partei, Armee und Staat. In der Außenpolitik Übergang zu einem eindeutig expansionistischen Kurs (Abschluß des Nichtangriffspaktes mit Deutschland vom 23. 8. 1939). Nach dem deutschen Angriff auf die Sowjetunion Leitung des Staatskomitees für Verteidigung. Zielstrebige Verhandlungsstrategie auf den Kriegskonferenzen mit den Westmächten (Teheran, Jalta, Potsdam). Schaffung der Voraussetzungen für die Ausdehnung der russischen Macht- und Einflußsphäre nach 1945 und letzte Steigerung des bürokratisch-terroristischen Herrschaftssystems, des Stalinismus*

**Stalingrad** (47; 63ff.; 74f.)
*Der für die Jahre 1925–1961 geltende Name der Stadt Wolgagrad. August 1942 bis Januar 1943 Schauplatz der um die Stadt ausgetragenen Schlacht, die mit der Kapitulation der 6. deutschen Armee endete*

**Stieff, Hellmuth** (61; 87)
*(1901–1944) 1938–1944 Tätigkeit in verschiedenen Stellungen im Generalstab des Heeres, zuletzt im Range eines Generals. Mitglied des militärischen Widerstandes. Nach dem 20. Juli verurteilt und in Berlin-Plötzensee hingerichtet*

**Stülpnagel, Karl-Heinrich von** (50)
*(1886–1944) 1938–1940 Oberquartiermeister I im Generalstab des Heeres, dann bis Dezember 1940 Vorsitzender der deutsch-französischen Waffenstillstandskommission. Von Februar 1942 bis Juli 1944 Militärbefehlshaber für Frankreich in Paris. Maßgebliches Mitglied des militärischen Widerstandes gegen Hitler und Leiter der Aktion gegen die SS am 20. 7. 1944 in Paris. Vom Volksgerichtshof zum Tode verurteilt und hingerichtet*

**Stumpff, Hans-Jürgen** (93)
*(1889–1968) 1933–1936 Chef des Luftwaffenpersonalamtes. 1937–1939 Chef des Generalstabs der Luftwaffe. 1940–1943 Luftflottenchef im Westen (bis Mai 1940) bzw. in Norwegen und Finnland. Unterzeichnete zusammen mit Keitel und von Friedeburg am 9. 5. 1945 die deutsche Kapitulation in Berlin-Karlshorst*

**Teheran** (47)
*Persische Hauptstadt. Ort der ersten Zusammenkunft der beiden westlichen Regierungschefs mit Stalin(28. 11.–1. 12. 1943), auf der eine gemeinsame Kriegführung (Errichtung einer zweiten Front in Europa bei gleichzeitiger sowjet-russischer Offensive) und eine gemeinsame Politik nach dem Sieg über die Achsenmächte (u. a. Ostpolen an die UdSSR, Aufteilung Deutschlands) festgelegt wurden. Außerdem Zusage Stalins zur späteren Beteiligung im Kampf gegen Japan und des Beitritts zu den Vereinten Nationen*

**Tresckow, Henning von** (50; 73; 84f.)
*(1901–1944) Seit 1936 im Generalstab tätig, seit 1938/39 in Opposition zum NS-Regime. Ab 1941 im Generalstab der Heeresgruppe Mitte und 1944 Chef des Stabes der 2. Armee an der Ostfront, wo er einen Kreis gleichgesinnter Offiziere um sich sammelte. Von ihm mitunternommene Attentatsversuche auf Hitler – vor allem im Jahre 1943 – schlugen fehl. Nach dem 20. Juli 1944 nahm er sich das Leben*

**Trott zu Solz, Adam von** (50)
*(1909–1944) Seit 1939 im Auswärtigen Amt tätig. Suchte als Mitglied des Kreisauer Kreises vor allem in Großbritannien und den USA Unterstützung für die deutsche Widerstandsbewegung zu finden, jedoch ohne greifbaren Erfolg. Nach dem 20. Juli 1944 zum Tode verurteilt und in Berlin-Plötzensee hingerichtet*

**Tuchatschewski, Michail** (66)
*(1897–1937) Offizier der zaristischen Armee; ab 1918 Mitglied der KP und der Roten Armee. 1920 Oberbefehlshaber im Feldzug gegen Polen. 1921 Teilnahme an der Unterdrückung des Kronstädter Aufstands. 1921–1922 Leiter der Militärakademie. 1923–1925 Chef des Stabes der Roten Armee. 1931–1937 Stellvertretender Volkskommissar für Militärwesen. 1935 Marschall. 1937 Befehlshaber des Wehrkreises Wolga. Zusammen mit anderen hohen Militärs in der „Großen Säuberung" wegen angeblicher Spionage und staatsfeindlicher Beziehungen zum Tode verurteilt und hingerichtet*

**Versailler Vertrag** (6; 20ff; 34; 57)
*Der am 28. 6. 1919 in Versailles unterzeichnete, am 10. 1. 1920 in Kraft getretene Friedensvertrag zwischen dem Deutschen Reich und den Ententemächten. Die aus der deutschen Alleinschuld am Krieg abgeleiteten Forderungen und Auflagen (Gebietsverluste, Reparationen, Abrüstung) belasteten nicht nur Entwicklung und Konsolidierung der Weimarer Republik, sondern boten vor allem den Rechtsparteien Ansatzpunkte einer hemmungslosen Agitation*

**Vichy** (44)
*Stadt und Heilbad im französischen Département Allier. Von 1940–1944 Sitz der französischen Regierung unter Marschall Pétain*

**Volksgerichtshof** (47)
*Bezeichnung für das durch Gesetz vom 24. 4. 1934 errichtete natio-*

*nalsozialistische Sondergericht zur erstinstanzlichen Aburteilung von Hoch- und Landesverrat, nachdem das bis dahin zuständige Reichsgericht in Berlin im Reichstagsbrandprozeß nicht im Sinne des Regimes verfahren war. Ab April 1936 ordentliches Gericht erster und letzter Instanz, dessen erheblich erweiterte Zuständigkeit sich nun auch auf Führerbeleidigung, Wehrmittelbeschädigung, Vermögensverschiebung ins Ausland, Spionage und öffentliche Zersetzung der Wehrkraft erstreckte*

**Volkssturm** (47)
*Bezeichnung für das letzte militärische Aufgebot des nationalsozialistischen Deutschland zur Unterstützung der regulären Streitkräfte bei der Verteidigung des Reichsgebietes. Der Volkssturm, gemäß Befehl Hitlers vom 18.10.1944 aufgestellt, umfaßte alle männlichen Deutschen vom 16. bis 60. Lebensjahr, soweit sie nicht bereits zum Heeresdienst eingezogen waren*

**Wannseekonferenz** (46; 63; 70)
*Tagung von Vertretern der obersten Reichs- und Parteibehörden am 20.1.1942 unter Vorsitz Heydrichs in Berlin „Am Großen Wannsee 56–58" zur organisatorischen Verständigung über das längst beschlossene Vernichtungsprogramm (sog. „Endlösung der Judenfrage").*

**Weiße Rose** (73 ff.)
*Eine in den Jahren 1942–1943 an der Münchener Universität bestehende studentische Widerstandsgruppe, die in dem Philosophen Kurt Huber ihren geistigen Kopf und den Geschwistern Scholl, Chr. Probst, A. Schmorell und W. Graf ihre führenden Mitglieder besaß (Flugblattaktionen von Mai 1942 bis Februar 1943). Nach ihrer Entdeckung wurden sie vor den Volksgerichtshof gestellt und zum Tode verurteilt*

**Weizsäcker, Ernst von** (50)
*(1882–1951) 1938–1943 Staatssekretär des Auswärtigen Amts. Vor Kriegsbeginn setzte er die britische Regierung über die aggressiven Absichten Hitlers in Kenntnis und hielt in den folgenden Jahren Kontakt zur Widerstandsbewegung. 1943–1945 Botschafter beim Vatikan*

**Wels, Otto** (86)
*(1873–1939) 1891 Beitritt zur SPD. 1912–1918 Reichstagsabgeordneter. Ab 1913 Mitglied des Parteivorstandes. Scharfer Kritiker der Parteilinken. November/Dezember 1918 Berliner Stadtkommandant. 1919–1920 Mitglied der Nationalversammlung. 1920–1933 Reichstagsabgeordneter und einer der beiden Parteivorsitzenden. Am 23.3.1933 lehnte Wels im Namen der SPD-Reichstagsfraktion das Ermächtigungsgesetz ab. Mai 1933 Emigration. Etablierung des Exilvorstandes zunächst in Prag (bis 1938), dann in Paris*

**Wilhelm II.** (45)
*(1859–1941) Deutscher Kaiser und König von Preußen (1888–1918). Bereits vor dem Ersten Weltkrieg hatten die persönlichen Einwirkungsmöglichkeiten des oft sprunghaft und emotional reagierenden Monarchen erhebliche Einschränkungen erfahren, eine Tendenz, die sich nach 1914 verschärft fortsetzte. 10.11.1918 Flucht nach Holland; 29.11.1918 endgültiger Thronverzicht. Der Auslieferung als Kriegsverbrecher nach Artikel 232 des Versailler Vertrags widersetzte sich die niederländische Regierung*

**Witzleben, Erwin von** (50)
*(1881–1944) Als Befehlshaber des Berliner Wehrkreises bereits im September 1938 während der Sudetenkrise an einem Versuch zum Sturz Hitlers beteiligt. Im Februar 1942 als Oberbefehlshaber-West in Frankreich verabschiedet. Maßgebliches Mitglied der Widerstandsbewegung. War nach Beseitigung Hitlers als Oberbefehlshaber der Wehrmacht vorgesehen. Nach dem Fehlschlag des Attentats vom 20.7.1944 zum Tode verurteilt und hingerichtet*

**Wurm, Theophil** (50)
*(1868–1953) Ab 1933 Landesbischof der evangelischen Landeskirche in Württemberg. Wortführer der evangelischen Kirche im Kampf gegen den Nationalsozialismus (Bekennende Kirche). 1945–1949 Vorsitzender des Rats der EKD*

**Yorck von Wartenburg** (50)
*(1904–1944) Seit 1927 als Jurist im Staatsdienst. Angehöriger einer berühmten preußischen Adelsfamilie und Vetter Stauffenbergs. Mitbegründer des Kreisauer Kreises. Nach dem 20.7.1944 vom Volksgerichtshof zum Tode verurteilt und hingerichtet*